EL MARTILLO DEL FIN DEL MUNDO

José Miguel Cuesta Puertes
José Rubio Sánchez

Editorial Dagón

El Martillo del Fin del Mundo
José Miguel Cuesta Puertes & José Rubio Sánchez

Línea Editorial Hiperbórea
Colección autores y novelas esotéricas

1ª Edición Editorial Dagón: 2024

Impreso en España por: Editorial Dagón
https://www.editorialdagon.es
Editor y maqueta de esta edición:
editor@editorialdagon.es

Imagen portada: recreación de un barco vikingo por IA
Imagen contraportada: recreación Baba Yaga
Imagen fondo portada: imagen de Micha Sager en Pixabay

ISBN: 978-84-19540-85-0
Depósito Legal: V-3577-2024

PROEMIO

Los orígenes de la mitología nórdica son casi tan ancestrales y brumosos como los propios hechos legendarios que la componen. Tanto es así que la semilla de muchos de sus relatos viene de tiempos anteriores a la escritura. Se transmitieron oralmente y, por esta razón, muchas de sus leyendas se han perdido para siempre en la noche de los tiempos. Afortunadamente, varios textos medievales recogieron sobre el papel gran parte de este caudal mitológico que, de otro modo, hubiera caído irremisiblemente en el olvido. Nuestras principales fuentes son la *Eddas* y la *Heimskringla* de Snorri Sturluson y la *Gesta Danorum* de Saxo Grammaticus. Gracias a estos códices podemos hoy reconstruir la cosmogonía nórdica, aquella que conformó las creencias de los pueblos que habitaron las actuales Noruega, Dinamarca, Finlandia, Suecia e Islandia. Un universo salvaje y trágico caracterizado por el choque entre dos fuerzas naturales: las positivas, del orden, y las negativas, que llevaban acaparada la destrucción.

Sin embargo, en la mitología nórdica, al igual que en la griega, no se da la separación maniquea entre Bien y Mal, como sí sucederá en el Cristianismo. Los dioses escandinavos tienen matices, son imperfectos. Incluso Thor, protector de los hombres, es un ser orgullos, irreflexivo, capaz de errar. Tan falibles son las deidades de Asgard que ni siquiera son inmortales, y requieren para mantener su eterna juventud las manzanas de

la diosa Idunn. No son tampoco inmunes a la tragedia: saben que su final, su destrucción, está escrito.

En efecto, ya una völva (pitonisa) conjurada por Odín desde más allá de la muerte, vaticinó el fin de los dioses y su mundo en el llamado Ragnarök, el día en que las fuerzas del mal sobrepasarían a las fuerzas divinas que protegen el orden y a los hombres. Así pues, la visión del futuro es sombría en la mitología nórdica, aunque otras fuentes hablan de un renacimiento posterior tras la necesaria destrucción que conduce a la renovación.

Era cuestión de tiempo que José Rubio y José Miguel Cuesta, dos autores que han aprendido a conformar uno solo, abordaran el inmenso caudal narrativo que mana de Escandinavia e inventaran con él una novela. La obra que tienes entre tus manos, *El Martillo del Fin del Mundo,* es un destilado de aventuras que nace de la rica fuente que nos lega la tradición del norte de Europa.

Y digo que era cuestión de tiempo, porque estos escritores han manifestado innumerables veces la fascinación que sienten por la historia no escrita, por las fuerzas invisibles, la magia, el ocultismo, el esoterismo que recorren el devenir de cualquier civilización. Vivimos tiempos materialistas, de fechas, datos y estadísticas, y eso nos impide ver que, reales o no, las creencias en lo oculto han tenido un papel histórico en las decisiones y actos de gobernantes y gobernados, de ejércitos y de pensadores. Y esa es una fuerza que no se puede obviar. Un factor que determinó nuestro pasado y, por tanto, nuestro presente.

«¿Qué sentidos nos faltan, que no podemos ver ni oír el mundo invisible que nos rodea?», se preguntó a este propósito Frank Herbert en su novela *Dune.*

La obra de Rubio y Cuesta es extensa y ha tocado todos los palos de la narrativa de entretenimiento, siempre con gran rigor literario: terror, aventuras, histórica, fantástica, juvenil, erótica. Han cultivado también el cuento y el ensayo. Pero dentro de este corpus existe siempre un nexo común: la fascinación por lo mágico, fascinación que consiguen siempre transmitir a sus lectores. Ya lo lograron brillantemente en *Sol de Misterio* (Equipo Sirius, 2008), obra que fue finalista del Premio Planeta y en la que bucearon en el periplo espiritual y aventurero de Juliano, el emperador romano que quiso renegar del Cristianismo y volver al culto de los dioses antiguos. Lo hicieron también en *La Ciudad de las Puertas de Oro* (Timunmas, 2006), en *El Nombre Sagrado* (Premio Ciudad de Dueñas) o en *El Durmiente* (Edebé 2007), obra que fue finalista del premio Torrevieja. Cualquiera de sus libros emana esta capacidad de recrear, reconstruir, las creencias mágicas de los pueblos del pasado.

A los variados terrenos que han pisado sus novelas se suma ahora el de la mitología nórdica. Con El Martillo del Fin del Mundo se acercan al sugerente universo de Thor, Odín, Loki y las Valkirias, con rigor de estudiosos y pulso de narradores.

Se trata de una mitología guerrera, hija de un pueblo luchador, acostumbrado a batallar contra hombres, bestias, contra la propia naturaleza. José Miguel Cuesta y José Rubio no han desaprovechado esta fuerza intrínseca para escribir lo que mejor saben: aventuras y correrías de un sabor clásico al que, sin embargo, han sabido añadir un original tono de decadencia muy alejado de los esplendores del Asgard y los dorados Aesir que habitualmente nos muestran el cine, la literatura épica o el cómic.

El Martillo del Fin del Mundo nos desvela una insólita visión de las divinidades vikingas. Una historia trufada de combates, magia y erotismo que, a su vez, a muchos servirá para descubrir la mitología que los habitantes del norte de Europa construyeron en su intento de explicar el violento mundo que les correspondió vivir.

Ahora un paisaje inhóspito y nevado se abre ante nosotros. Monstruos, brujas, trolls y guerreros venidos de entre los muertos nos acechan a cada paso. Es momento de pasar la página y adentrarse en los mapas de la aventura.

José Miguel Vilar-Bou

Los dioses nórdicos repiten una y otra vez su Ragnarök.

Vuelven a sufrir el mismo destino, condenados para siempre en un ciclo eterno del que no pueden escapar.

Llegó la Edad del hielo y del frío.

Es la Era del Ragnarök.

EL HELADO Y CRUEL TOQUE DE LA MUERTE QUE ENVUELVE AL MUNDO Y A LOS HOMBRES

> Entonces dijo Gangleri:
>
> ¿Qué se puede contar del Ragnarök? Nada he oído antes sobre ello.
>
> Hár dice:
>
> Grandes cosas hay que decir de ello, y numerosas. La primera de ellas es que vendrá el invierno que llaman Fimbulvetr; entonces caerá nieve de todas direcciones, las heladas serán grandes y los vientos gélidos. El sol no valdrá. Tres inviernos se seguirán, y en medio ningún verano. Pero antes vendrán otros tres inviernos, cuando en todos los mundos habrá grandes batallas, y entonces se matarán entre sí los hermanos por avaricia, y no se respetarán al padre y al hijo, ni en las matanzas ni en el incesto.
>
> Snorri Sturluson, *El ragnarök*, LI[*]
> *Gylfaginning, El engaño de Gylfi*

La imagen era semejante a un vasto océano o un desierto sin limite ni horizonte definido, pero no era un desierto de arena secado por el sol, sino una inacabable extensión fría cubierta de hielo.

La nieve caía con calma en una danza repetitiva y eterna, levantando pequeñas espirales agitadas por el viento que, con un susurro, acariciaba la superficie congelada donde surgían algunos arbustos muertos desde hacía décadas. No había ni un rayo de sol que pudiera templar el inmenso frío arraigado en la tierra y en el aire durante mucho tiempo, quizá siglos, tal vez milenios. El invierno se sucedía en un ciclo sin fin, donde la primavera y el cálido verano ya no eran, ni siquiera, un lejano recuerdo.

Allí, en la extensa inmensidad de blancura, un pequeño punto creció manchando el manto de gélida pureza. Era un hombre, por sus atavíos quizá un guerrero. Avanzaba lentamente, luchando contra una inmisericorde ventisca que horadaba su agrietada coraza ya quebrada por los azotes del frío.

En ese tapiz blanco, la silueta del viajero errante no era más que un conjunto de briznas de carbón agitadas por el temporal. Una vieja capa, deshilachada y sucia, pugnaba por proteger a su dueño en una batalla sin cuartel contra el viento, émulo de un despiadado látigo. El casco, abollado por los golpes recibidos y coronado por un penacho desgastado, envolvía los cabellos del guerrero al tiempo que le protegía los ojos y las orejas del castigo que le infligía la escarcha. Los labios agrietados le permitían saborear su propia sangre manando entre las comisuras, recorriendo su lengua entumecida para, finalmente, descender por su garganta. Su rostro estaba hastiado de dolor, pintado con los trazos de una persistente miseria. El frío le helaba hasta los huesos. Muchos inviernos, demasiado largos, relegaban a un perdido lugar de la memoria los cálidos estíos y otras lejanas y templadas primaveras de un tiempo que, quizá, jamás volvería. El mundo no era el mismo, los hombres ya no eran como antes y, a los dioses, ya nadie los recordaba.

El guerrero se derrumbó, clavando su rodilla en la nieve. Agotado, ya no podía caminar. A su mente acudía la idea de abandonarse al destino al que parecía abocado y morir en los brazos del frío. El regazo de la diosa Hel sería más confortable que el gélido viento, y en sus salones podría disfrutar de rebosantes copas de hidromiel. Así podría descansar definitivamente; el dolor desaparecería, sus doloridos músculos se relajarían en la placidez y sus huesos dejaría de lamentarse a cada paso. Llegaría la paz que se le estaba negando en vida.

Su nombre era Arokin y su lugar de nacimiento la legendaria Asgard, la hermosa y resplandeciente ciudad de los Ases, de la que ahora sólo quedaban escombros frente al puente Bigfröst, el *Camino Oscilante*, quebrado también en incontables fragmentos que flotaban desperdigados por los *Nueve Mundos.*

La muerte es noche y olvido, pero, sobre todo, silencio. En esta tierra desolada la vida es sonido y también llanto.

Creyó escuchar un lamento imposible, que únicamente podía surgir de su mente herida, pero era el viento que agitaba las ramas de una lejana arboleda. Su mirada, perdida entre un velo de bruma, pudo distinguir un grupo de árboles que le llamaban ofreciéndole alguna esperanza en forma de cobijo y, tal vez, alguna baya seca o alguna pequeña alimaña que se refugiase entre sus troncos abiertos con la que podría alimentarse.

Con un gran esfuerzo que fustigó sus doloridos músculos se apoyó en su espada, utilizada, esta vez, como bastón, y continuó su camino intentando sobrevivir como lo había hecho durante más tiempo del que alcanzaba a recordar.

La nieve y el viento apenas le permitían contemplar el pequeño bosque, salvo como unas formas indefinidas, balanceándose también al compás de la ventisca que cada vez arreciaba con más fuerza. Cuando se acercó pudo observar las ramas sin hojas, cubiertas de hielo y nieve, raíces sin vida de árboles muertos. Las bases de los troncos estaban rodeadas de túmulos de rocas; el viento aullaba entre ellos, triste, aterrado, como el llanto de un niño abandonado que siente la proximidad de la muerte.

Al fin alcanzó la arboleda. Eran siete u ocho árboles semejantes a espectros perdidos que hubieran encontrado, un lugar donde descansar, pero, sin duda, eligieron el sitio equivocado.

Arokin se dio cuenta enseguida que aquella arboleda no era más que una esperanza truncada. El lugar estaba tan muerto como el resto del territorio que había recorrido. Sin luz y ni calor no había opción para el mundo. El cielo estaba cubierto por una borrasca perpetua de nubes que parecía muros de granito en los que, a veces, se perfilaban efímeros y tímidos relámpagos.

El viento no daba tregua, pero era el frío el que verdaderamente destruía la vida. Arokin no podía cobijarse entre los troncos, si lo hacía se quedaría congelado en pocos minutos y pasaría definitivamente a formar parte del paisaje. Allí no había una maldita raíz comestible que pudiera llevarse a la boca. Era imposible que algo hubiera podido sobrevivir en aquel lugar. En esta ocasión, más por la desesperanza que le envolvió que por el propio cansancio, cayó de rodillas sobre las rocas. Entonces se dio cuenta aterrorizado que las rocas que estaba pisando no eran piedras sino los restos de un grupo de personas hombres y mujeres, tal vez niños, masacrados y abandonados, hacinados como pedazos de carne seca en una carnicería. Eran un amasijo de cráneos destrozados, piernas, torsos y brazos desgajados que todavía suplicaban piedad a sus inmisericordes verdugos, con un gesto congelado de sumisión. Algunos cráneos sobresalían en medio del caos de cuerpos mostrando sus dientes tras los labios descarnados, de tal modo que parecían sonreír a la muerte ajenos al dolor y al profundo miedo que les envolvió en sus momentos finales. La mente del guerrero recreó la posible escena del final de aquella gente. Imaginó los gritos, las súplicas, la escasa resistencia que debieron ofrecer. Apretó los párpados con fuerza en un intento de que las imágenes desaparecieran y se difuminaran como bruma, pero no lo conseguía.

Allí ocurrió una matanza espantosa. Hombres y mujeres fueron torturados con el salvajismo propio de los demonios infectos de los bosques. Tal vez fueron trols o enanos hambrientos. Sin duda aquellos actos salvajes no fueron cometidos por hombres o guerreros con honor.

El hielo había conservado toda la crueldad y el ensañamiento que sufrieron aquellas desventuradas personas. Arokin se apartó asqueado. Retrocedió hasta que su espalda fue a dar con la corteza de uno de los árboles. Se deslizó abatido, con los últimos restos de sus mermadas fuerzas totalmente agotadas. Cerró los ojos y no pudo evitar que varias lágrimas comenzaran a recorrer su rostro, para quedar congeladas a los pocos segundos convirtiéndose en cristal.

Llegaba la noche. El día apenas se distinguía como una leve claridad uniforme y gris, y la negrura más completa envolvía el mundo como el silencio de la muerte envuelve a los cadáveres tras una batalla. Entonces, cuando la oscuridad era más profunda, surgió un leve resplandor.

En la distancia distinguió una luz oscilante. Pensó que, quizá, sólo brillaba en su imaginación, quizá fuese un hada, aunque sería imposible que hubiera sobrevivido entre los brazos del frío. Una trampa urgida por demonios o trols para cazar a desventurados como él, era lo más probable. Sin embargo, para

Arokin no dejaba de ser una esperanza. A pesar de que sólo resplandecía como un leve destello, le pareció la luz del sol atravesando la noche.

LLEGA EL FIN DE LO DIVINO

Entonces dijo Gangleri:

¿Cuáles son los nombres de los otros Ases? ¿O qué hacen, o qué han hecho para distinguirse?

Hár dice:

Thor es el más destacado de ellos, se le llama Ásathor y Ökuthor. Es el más fuerte de todos los dioses y los hombres.

Snorri Sturluson,
Gylfaginning, El engaño de Gylfi, XXII

Al alejarse del túmulo en el que había estado, sintió una profunda sensación de alivio. Aquel lugar era un altar consagrado al dolor y la muerte; el testigo eterno de la locura, la crueldad y del mal que anida en las peores criaturas del Universo. Arokin caminó como lo hace un alma perdida en su búsqueda del sendero hacia el Valhalla, persiguiendo como una polilla la luz que había iluminado su esperanza, tras días y días de desolación.

Cuando estuvo más cerca se perfilaron los contornos de una cabaña, incluso pudo distinguir un penacho de humo que se difuminaba en la noche, no sin antes dejar un leve aroma a leña ardiendo. Aferró la empuñadura de su espada intentado darse confianza a sí mismo, sintiendo cómo el metal le daba fuerza y alimentaba su coraje.

El guerrero, exhausto, se plantó ante la puerta de madera de la cabaña. El humilde umbral le pareció tan imponente como las doradas puertas de Asgard. Tenía suerte, el mundo en aquellos días era un lugar inhóspito; se podía vagar durante meses y años y no encontrar en el camino ni una sola alma. Parado frente a la puerta, sentía como si se hubiese obrado un milagro y las Nornas tuviesen piedad de él. Como si de nuevo se encontrase frente a un hogar.

No dudó un instante. Golpeó la puerta con su mano.

Lo hizo despacio, con suavidad, con la pretensión de no alarmar a quién pudiera estar dentro y que no creyera que se trataba de alguna amenaza.

Pasaron unos minutos y nadie abrió. Tal vez no habían escuchado los golpes o, quizá, fuese quien fuese el inquilino, se estuviera preparando para enfrentarse a él. Por la mente de Arokin pasaron varias ideas sobre lo que podía encontrar en el interior de la casa. Era muy probable que la habitara alguna familia que hubiera conseguido sobrevivir con la ayuda de los dioses. Pero también era posible que la casa estuviese habitada por los mismos demonios que obraron la masacre en la arboleda.

Entonces escuchó un sonido en el interior. Aferró la espada y la sacó un poco de la funda. Cuando se abrió la puerta de roble, el acero brilló reflejando las llamas de una hoguera.

Al principio Arokin contempló una sombra recortada por la luminosidad que salía del interior de la cabaña. Después sus ojos se acostumbraron al contraste, y la silueta comenzó a definirse.

El que le abrió la puerta era un anciano de barba blanca y ojos de un azul apagado, casi como la misma luminosidad opaca que reinaba durante el día. Su mirada cansada, vencida por el tiempo y, seguramente, por innumerables desdichas que se adivinaban en las múltiples arrugas surcadas por otras tantas cicatrices. Vestía con humildad, a la manera de los peregrinos de tiempos pasados, que no llevaban en sus bolsas más que algún mendrugo de pan y agua para el camino. El cabello blanco, largo y escaso le llegaba hasta los hombros.

Arokin percibió que el anciano forzaba mucho la vista, como intentando distinguir lo que tenía delante. El viejo no estaba ciego, pero su visión había mermado con el paso de los años.

–¿Quién eres, extraño? ¿Qué te trae a mi morada? –le preguntó con voz suave y al mismo tiempo rotunda. Una voz exenta de cualquier acento de miedo, lo que resultaba inquietante en aquellos tiempos donde la muerte campaba a sus anchas y el peligro se hallaba en todas partes.

–Arokin, un guerrero de Asgard –le respondió, intentado que sus palabras sonasen lo más solemnes posible.

–¿Asgard? –preguntó el anciano, pero no lo hizo a Arokin sino a sí mismo– ¿Asgard?– Repitió pensativo.

–Sí, Asgard –dijo Arokin intentando ayudar al viejo–. La más brillante de todas las ciudades, la más hermosa en los Nueve Mundos. Pero ahora sólo quedan ruinas de su antiguo esplendor.

–Puedes pasar a mi hogar –dijo el anciano–. Si nos quedamos aquí fuera nuestros huesos pronto serán parte del paisaje. Entra, no dejemos que se escape el poco aire caliente que aún queda en el interior. Compartiré contigo lo que tengo que, como comprobarás, no es mucho.

Arokin siguió al anciano cerrando la puerta tras de sí.

Era una morada humilde, escasa de muebles. Se veían una mesa redonda, apenas barnizada y pulida; dos sillas, unos platos de barro y no más de un par de jarras; la llama de una pequeña chimenea daba calor a la estancia. En un rincón languidecía un camastro donde, seguramente, el anciano descansaba por las noches.

–Siéntate aquí, cerca de la chimenea –le invitó señalando una de las dos sillas, luego removió un poco las brasas para avivar el fuego–. Éste es el bien más valioso en esta época maldita: el fuego.

–Es cierto –afirmó Arokin–, casi resulta imposible de conseguir.

–El frío lo domina todo –añadió el anciano–. Pero háblame del exterior. ¿Qué sabes del mundo? Hace mucho tiempo que apenas me alejó de este lugar para buscar lo que queda de leña por los alrededores e intentar cazar algo que llevarme al estomago.

–Las estaciones ya no existen, únicamente hay un inacabable invierno.

–Eso ya lo sé. ¿Qué sabes de Asgard y de los Ases?

–La Ciudad Eterna es una ruina, sólo quedan escombros amontonados de lo que fueron sus calles y sus palacios. También el *Camino Oscilante* está destrozado.

–¡El Puente de los Mundos! Aún tengo un recuerdo borroso entre las nieblas de mi maltrecha memoria.

–Entonces, ¿conociste Asgard? –preguntó Arokin cada vez más intrigado.

–Ha pasado mucho tiempo –el anciano se frotó los ojos cansados–, apenas recuerdo sus murallas y los salones. Son sólo sombras en mi mente.

–Yo era un niño cuando contemplaba a los grandes héroes salir en pos de batallas y aventuras inenarrables –dijo Arokin–. Mi padre era un guerrero que luchó en los últimos días, al lado de Baldur y los demás dioses.

–¡Baldur! El sonido de ese nombre hace que se estremezca mi corazón. Era el más valiente entre los valientes, el más noble de los príncipes.

–Mi madre me contó que fueron muchos los que murieron en la guerra contra los gigantes del hielo, antes de que el Ragnarök asomase por el horizonte ensangrentando toda la tierra. Mi padre fue uno de los héroes que cayeron en aquellas batallas, pero murió con la espada en la mano, rodeado de cadáveres de ponzoñosos trols.

–Entonces puedes estar orgulloso de él. Lo peor que le puede suceder a un guerrero es que los azotes de la vejez flagelen sus huesos y su espada languidezca sin sangre que la alimente. Luchar es vivir para los valientes.

–En el exterior sólo existe muerte. No hay nada por lo que luchar. Ahora estamos sumidos en un proceso posterior al fin mismo. Poco a poco el inmenso frío está aplastando cualquier pequeño atisbo de esperanza. Ha llegado el fin de la vida.

–Hablas con palabras cargadas de resignación, tú que dices eres hijo de un héroe que peleó junto a los Ases. Llenas de penurias el corazón de un pobre viejo. Tengo mermada mi visión, los huesos están cansados como goznes de antiguas puertas. Mis ojos han sido castigados con un velo de penumbra tras el que apenas distingo algo más que meros espectros. Sin embargo, llevo más tiempo esperando del que puedo recordar.

–Esperando, ¿qué? –le preguntó Arokin.

–Mi mente se pierde en devaneos sin sentido. Las imágenes se retuercen como serpientes desgarrando mis pensamientos. Otras veces, en cambio, aparecen nítidas y claras, como el reflejo del sol en el lago un día sin nubes. Constantemente se repiten, narrando en mis sueños, una vez tras otra, acontecimientos extraños donde visualizo grandes batallas, que no sé si alguna vez ocurrieron, donde los dioses se enfrentaron a seres infernales. Son visiones que no entiendo, mensajes que me atormentan, voces que me llaman desde un lejano pasado. Nombres que reverberan en mi alma: Odín, Thor, Baldur, Loki. Por eso estoy esperando una señal que pueda dar un sentido a mi existencia. ¿Acaso voy a morir aquí, acurrucado ante este efímero fuego? Prefiero que saques tu espada y atravieses con ella el corazón de este pobre y demente viejo.

–Siento tu tristeza, pero ¿Qué puedo hacer yo por aliviarla?

–No lo sé. Pero el destino no es caprichoso. Todo tiene un sentido, todo. Si estás aquí, quizá sea por alguna razón.

El anciano se levantó de la silla y se alejó del fuego. Con paso calmado recorrió la estancia ensimismado sin dirigirse a un lugar determinado, como si buscara algo perdido, mientras Arokin le observaba sin saber qué hacer o decir.

Arokin se preguntó cómo había podido sobrevivir tanto tiempo un anciano en aquellas condiciones. Él, durante días y noches sin fin, no había podido conseguir ni una sola pieza de caza, y los árboles estaban helados hasta las raíces, qué decir pues de los frutos. Tal vez guardara alguna despensa provista de víveres. Pero también la madera era difícil de conseguir. La arboleda más cercana era inservible para hacer fuego.

De repente el viejo se detuvo como si una idea hubiese acudido a su mente, como si de pronto recordara algo. Miró al guerrero, clavando en sus ojos una mirada azul de acero que, si bien estaba nublada, no estaba exenta de determinación.

–Dime si esto te dice algo –preguntó a Arokin, mientras se acercaba hacia un bulto que descansaba en el suelo.

De un tirón apartó una tela que cubría un viejo arcón de madera y la arrojó a un lado, después abrió la tapa. El cofre era de roble con incrustaciones de bronce, demasiado hermoso para lo que uno podía esperar encontrar en aquella cabaña. Del interior sacó un objeto envuelto en otra tela de aspecto más liviano que la primera, parecía de terciopelo. Ante los ojos estupefactos de Arokin, colocó el objeto sobre la mesa y abrió la delicada tela. El joven guerrero que no acababa de entender lo que estaba pasando por la mente de su anfitrión. El anciano desenvolvió el objeto con delicadeza, con la reverencia del que descubre un tesoro escondido. Ante la mirada sorprendida, atónita, maravillada del guerrero, se mostró un arma que no debía estar allí, en aquella cabaña perdida en el fin del mundo. Mellado, herido, pero conservando toda la fuerza y majestuosidad que sólo podía poseer un arma única en todo el Universo. El anciano sostenía entre sus manos, sin apenas esfuerzo, un martillo. Y una palabra acudió como un trueno a la mente de Arokin: Möjllnir, el legendario martillo de Thor Odinson.

Los ojos ciegos del viejo se humedecieron, una lagrima recorrió el rostro surcado de mil arrugas. Lo sujetó en su mano, a pesar de la avanzada edad que tenía el hombre. Lo sostenía como si no pesara nada, sin esfuerzo; parecía ligero como una pluma.

Pero Arokin sabía, al igual que todos los habitantes de la fabulosa Asgard y la mayoría de los seres vivos de los Nueve Mundos, que nadie podía levantarlo, ni joven vigoroso, ni hombre o dios y mucho menos un viejo cansado, pues en el arma anidaba el encantamiento del poderoso Odín, dios de dioses, y el más sabio y poderoso entre ellos.

Era el encantado martillo Möjllnir, y sólo la mano del poderoso Thor, hijo de Odín, dios de la tormenta, el trueno y el relámpago podía alzarlo. Tal era el encantamiento de Odín, y su voluntad era indiscutible.

Arokin se arrodilló a los pies del anciano, que ahora parecía más grandioso, como si la vejez hubiera desistido de dejar su férrea huella sobre su cuerpo.

–¡Por todos los dioses y los Ases reunidos en el Valhalla! –exclamó el joven sin levantar la mirada–. Me encuentro ante Thor, el hijo de Odín, el príncipe de Asgard.

–¿Thor? –repitió a su vez, el viejo, con una pregunta–. Recuerdo ese nombre. Luchó en muchas batallas junto a Baldur.

–Tú eres Thor Odinson. Mira –insistió Arokin–, ese martillo es Möjllnir. Sólo Thor, *el dios del trueno* puede levantarlo, tal fue la magia de Odín y nadie puede romper el hechizo del señor de Asgard.

El anciano guardó silencio. La duda se reflejaba en su ajado rostro perfilando recuerdos olvidados que pugnaban por resurgir. Había pasado en soledad infinidad de años sin comprender lo que ocurría a su alrededor. De pronto todo cobraba sentido. Tras una eternidad había vuelto a escuchar su nombre. A su mente llegaron escenas que había olvidado por completo. Sólo eran imágenes que necesitaba ordenar y entender. Quizá eran sueños que nunca habían ocurrido y, tal vez, seguirían siendo sólo sueños hasta que lograra recuperar toda la memoria.

Arokin observaba cómo los ojos apagados del anciano adquirían por momentos destellos de un entusiasmo olvidado. En la mente herida del hombre, al que ahora no podía ver como un viejo marchito, sino como uno de los poderosos Ases, se perfilaban como diamantes surgidos de una cueva, recuerdos que había olvidado por completo.

–Pues entonces nada nos ata a este lugar. Si yo soy Thor, como dices, mi destino está lejos. No puedo medrar como una araña a la espera de una muerte lenta. Descansa entonces esta noche, Arokin, pues cuando la oscuridad sea sustituida por ese tapiz blanco donde no brilla el sol, partiremos y nos enfrentaremos al frío, a los trols, a los gigantes de hielo si se cruzan en nuestro camino y, si se atreve a aparecer, a la misma serpiente Midgard.

–Si me lo permites –le dijo Arokin–, yo estaré a tu lado.

–Las Nornas por fin muestran sus hilos –concluyó Thor–. Urd, Verdandi y Skuld, se han hecho esperar demasiado tiempo. Tú, Arokin, serás mis ojos –le dijo al guerrero–. Como he dicho, tu llegada quizá sea una señal y mi vacía espera halla finalizado después de incontables años. Tengo un largo camino por recorrer, pues mis recuerdos son como los recuerdos de otra persona, parecen ajenos a mi, como sueños o pesadillas que, envueltas en densas brumas, luchan por resurgir de ellas y mostrarme las respuestas.

Por un momento el corazón de Arokin se enardeció con las palabras exaltadas de Thor, el hijo de Odín, después, se estremeció. Por un lado, la perspectiva de encontrarse al lado del dios del trueno le emocionaba, pero por otro, una especie de instinto le decía que tal vez, esas ansiadas respuestas que Thor anhelaba, no le iban a gustar. No sabía bien el porqué, pero no conseguía quitarse esa sensación que se había aferrado con fuerza a su alma.

MIENTRAS EL UNIVERSO TIEMBLA Y LA NOCHE TRAE NUEVAS SENSACIONES

Loki dijo:
El hijo de Jörd acaba de entrar,
¿Por qué, Thor, así ruges?
No tendrás valor de luchar con el lobo
cuando devore a Sigfödr

Snorri Sturluson, *Lokaseena*

La noche dio paso a un amanecer sin sol. El alba fue sólo un remedo triste, en su patética luminosidad, del recuerdo de lejanos amaneceres dorados.

Arokin había pasado la noche tumbado sobre su propia capa, cubriéndose con una manta áspera que se templó al lado de la chimenea, guardando entre sus pliegues todo el calor que podía atesorar. No recordaba haber dormido con tanta placidez en toda su vida, sólo el cobijo de un techo ya era un lujo digno de los dioses. Si además le acompañaba el cálido abrazo de unas brasas, podía sentirse igual que si se encontrara en los antiguos banquetes que celebraban los Ases en los salones dorados de Asgard, donde la hidromiel rebosaba de las copas y las mujeres complacían todos los deseos de los guerreros.

Cuando despertó se encontró solo en la cabaña. Las llamas se habían consumido durante la noche, dejando paso a un leve frescor que se filtraba con dificultad entre las rendijas de la débil construcción. Arokin se preguntó si acaso había vivido un sueño la velada pasada y lo que ocurrió no fue más que una ilusión producida por un hechizo. Se desperezó como un niño y, enrollándose con la manta que le había resguardado mientras dormía, salió al exterior.

El mundo era tan blanco y tan frío como lo recordaba; desde luego, una noche de calor no era suficiente para hacerle olvidar tantos años de frío. Aquel invierno sería recordado por los hombres y los dioses en igual medida, siempre que quedara alguien que pudiera hacerlo.

Escuchó una voz grave que provenía de un lateral de la cabaña. Se giró y reconoció la figura ya familiar del anciano, de Thor Odinson. Ahora, a la luz del día, le pareció más alto. Era un hombre viejo, sin duda, con el cabello tan blanco como la nieve que les rodeaba, largo como las ramas de un sauce. Poblada barba, también blanca, en la que se adivinaban o se suponían unos mechones, apenas unos cuantos, de color rojo apagado, falto de vigor y brillo. A pesar de que andaba ligeramente encorvado, casi le sacaba un palmo, y Arokin no era un hombre de corta estatura. Era ancho de hombros, aunque sus músculos estaban demasiado pegados a los huesos.

–Los jóvenes siempre le tenéis demasiado apego al sueño y a las haraganerías –refunfuñó el anciano–. Os gusta trasnochar y beber, pero luego os resistís a despertar cuando los trompetas de la guerra suenan a lo lejos. El placer de la batalla es más dulce que los labios de una mujer, salvo que ésta sea una valkiria.

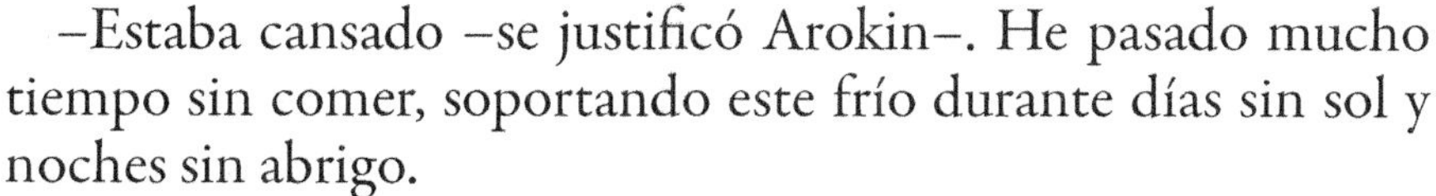

–Estaba cansado –se justificó Arokin–. He pasado mucho tiempo sin comer, soportando este frío durante días sin sol y noches sin abrigo.

–Pues lávate –le dijo el anciano, ofreciéndole una vasija de agua helada–. Que tu rostro y tu alma despierten por fin a este nuevo amanecer. Tenemos un camino muy largo por delante y ni siquiera sé qué destino nos aguarda. De lo que no tengo dudas es de que no puedo permanecer más tiempo en este lugar. Los hombres y los dioses deben caminar una vez más por esta tierra, librar de nuevo grandes batallas. El tiempo de la muerte y el frío debe finalizar de una vez por todas y, de nuevo, la calidez de un sol templado acariciará nuestra piel.

–Vengo del Norte –replicó Arokin–, y allí no hay más que valles helados que surgen de los dominios de Musphelheim. Nadie conoce lo que hay en el Sur.

–Bien –le respondió Thor después de meditar unos instantes–, iremos hacia el Sur.

Arokin cerró los ojos y apretó los labios, el Sur era la región a la que menos deseaba acercarse. No le asustaba morir, pero sí lo desconocido.

–Es mejor que nos marchemos cuanto antes –le apremió Thor–. Comamos algo y preparémonos para partir. Así aprovecharemos al máximo antes de la caída de la noche.

Sobre la mesa de madera, el anciano colocó varios mendrugos de un pan negro y duro como una roca, que hacían temblar la fijeza de los dientes y apenas podían deslizarse por la garganta. A cada lado puso dos cuencos con agua helada, que servía para humedecer los labios y dar una cierta sensación de alivio, al tiempo que reblandecían un poco los mendrugos pétreos que intentaban digerir. Arokin entendió que, sin duda, el anciano había sobrevivido durante todo ese tiempo con escasa comida, porque se trataba del hijo de Odín, el poderoso Thor, dueño de la tormenta y el relámpago. Aunque su mente, tal vez herida por la edad o por un sufrimiento oculto, ya no conseguía recordar casi nada de su pasado, la fuerza permanecía en su interior, protegiéndole y manteniéndole con vida.

Después de lo que Arokin consideró un desayuno infernal, si bien, al menos, era más de lo que había podido comer en las últimas semanas, se dispusieron a marchar. Siguiendo las instrucciones de Thor, envolvió varios utensilios en la misma manta que le había cobijado la pasada noche: un par de cuencos de madera, una pala pequeña, todos los trozos de pan que encontró y algunas raíces secas pero comestibles. El anciano cubrió con una tela el martillo mágico y lo anudó a un cinturón hecho con cuerda, colgándolo después a su espalda.

–Coge también este arco –le indicó a Arokin mientras le señalaba un arma apoyada en un rincón, al lado de varias flechas.

El guerrero se acercó. El arco parecía podrido, tenía una apariencia frágil, como si fuera a partirse en dos a la mínima tensión de la cuerda. La mayoría de los dardos estaban rotos y sin punta. Arokin intentó coger los que podían ser útiles, pero sólo consiguió media docena y no estaba seguro de si podrían mantener el rumbo en el caso de ser lanzados. Aunque no le daban mucha confianza decidió cargar con el arco y las flechas, no le supondrían demasiado peso y le podrían servir en determinadas circunstancias.

El dios sin memoria y el joven guerrero cargaron a sus espaldas lo indispensable. Les esperaba un camino incierto, así que debían elegir bien sólo lo que pudiera serles de utilidad.

Salieron de la choza enfrentándose al invierno y comenzaron su deambular en busca de no sabían bien qué destino. Sólo sabían que habían elegido hacerlo en dirección al Sur. Llevaban pocas cosas materiales, pero estaban pletóricos de una gran esperanza, que se reflejaba en el andar decidido del dios del trueno. Avanzaba con ímpetu, adelantado varios pasos a Arokin, que le seguía mientras miraba hacia atrás, observando el refugio que estaban abandonando, con él dejaban, también, una cierta seguridad. Tal vez, pensaba Arokin, en aquel lugar podrían haber sobrevivido a la espera de un tiempo mejor. El invierno no podía ser eterno, quizá estaban cometiendo una locura.

Pero la determinación del hijo de Odín no podía ser cuestionada.

* * *

La primera jornada transcurrió sin incidentes. Aparte del terrible frío no se encontraron en el camino con bandas de trols que solían deambular acechando en busca de carne humana. Tampoco ellos habían tenido suerte y no consiguieron ninguna pieza de caza. Al cabo de un día demasiado corto llegó la primera noche. El cielo blanco como leche de cabra que los había acompañado durante toda la jornada se volvió gris y después negro, como el hueco donde debió descansar el ojo tuerto de Odín.

Cuando la oscuridad fue total se refugiaron en un pequeño saliente. Era una roca alta que les permitió enganchar las mantas que llevaban y montar una tienda rudimentaria. Esa noche prefirieron no hacer fuego, con seguridad lo necesitarían más adelante, cuando el frío hubiera hecho mella en sus huesos.

Se acostaron espalda contra espalda, intentado compartir el calor que guardaban en sus cuerpos y no se marchara arrastrado por el viento de la noche. Arokin sentía la presencia del anciano y no dejaba de recordar que se trataba de uno de los grandes Ases, uno de los más grande entre todos ellos, el hijo del dios de todos los dioses. Él, un simple guerrero, con el único mérito de la herencia de los actos heroicos de su fallecido padre. Pero estaba durmiendo pegado a Thor, un dios cuyas hazañas eran míticas, al que había podido ver en muy pocas ocasiones y siempre como un ser inalcanzable.

Cuando despertó, el anciano ya no estaba junto a él, de nuevo se le había anticipado. No había duda de que Thor Odinson apenas necesitaba un escaso par de horas para descansar. Arokin dedujo que si se habían detenido no fue porque el hijo de Odín se hubiera agotado, sino en consideración a él. Lo habían hecho para que repusiera sus mermadas fuerzas.

Quedaba poco tiempo para el amanecer cuando salió del improvisado refugio y se encontró con Thor sentado en una roca cercana mientras acariciaba el martillo, ensimismado en sus pensamientos.

–Apenas consigo recordar –le dijo a Arokin sin mirarlo, cuando Thor notó la presencia del joven–. Veo algunas imágenes, pero son aún más borrosas que las que ahora me permite mi visión. Recuerdo algunos nombres, pero me son ajenos, como si sólo hubiera sido un espectador en la vida de otros. A mi mente acuden sonidos de cuernos resonando en las llanuras y los cascos de miles de caballos hollando la tierra, estremeciendo a las rocas y a los árboles. Veo el rostro juvenil y brillante de un guerrero divino y sé que su nombre era Baldur.

–Baldur era tu hermano –intervino Arokin–, su muerte nos convocó en el Ragnarök. La flecha bañada en muérdago, puesta en el arco de Hörd por las maquinaciones de Loki, le hirió en el corazón y cayó muerto sobre la tierra.

–Por mucho que lo intento no puedo recordar. ¡Por todos los dioses de Asgard! He olvidado la muerte de mi propio hermano. El Ragnarök desencadenado acabó con la vida en los Nueve Mundos y mi mente y mi memoria son casi un tapiz tan blanco como esta nieve que nos rodea.

–Yo era entonces muy joven y mis recuerdos son confusos, como lo son los sueños de los niños –añadió Arokin compungido–. Todo era fuego y lucha sin fin. Los príncipes de Asgard estaban envueltos en una batalla como nunca antes se había visto. Los guerreros partían dejando abandonados a su infortunio a las mujeres, a los ancianos y a los niños. Pocos consiguieron regresar con vida de la batalla para protegernos. Cuando las murallas se desmoronaron y el cuerno de Heimdall sonó por última vez, huimos tan lejos como pudimos de la ciudad resplandeciente, sabíamos que llegaba el fin y no podíamos quedarnos allí. Yo iba en los brazos de mi madre. Dejamos los caminos y nos adentramos en bosques repletos de sombras acechantes. Tengo la sensación de que fue entonces cuando llegó este cruel invierno que nos envuelve y ya no nos abandona.

–Pues ha llegado la hora de una nueva primavera. No descansaré hasta que el sol brille sobre nuestras cabezas. Recojamos las cosas y sigamos; seguramente el camino será largo.

Mientras reanudaban la marcha, le arrojó un mendrugo de pan a Arokin.

–Espero no tener que comer tan frugal desayuno muchos días seguidos –le dijo el joven con ironía y un leve atisbo de humor.

–Todo puede mejorar –respondió el anciano con una sonrisa de complicidad –, o empeorar. Da gracias a Odín por lo que tenemos.

De nuevo emprendieron la marcha. Arokin cargó el peso del fardo en el que llevaba todos los utensilios y las mantas, junto con su espada, el arco y las fechas. Thor transportaba el martillo y una pequeña bolsa con un poco de comida. Delante de ellos se abría un amplio valle cubierto en toda su extensión por el manto blanco de la nieve, sólo alguna roca afloraba esporádicamente, como un triste salpullido.

Caminaban hacia los grandes picos, peladas montañas de granito y pizarra que asomaban, llenas de misterio, bajo un cielo uniforme y estático. Sobre las cimas desoladas soplaban ráfagas de un viento más frío que los huesos del gigante Ymir, que parecían entonar extrañas y melancólicas notas musicales.

Un leve eco repetía el sonido de sus pisadas al hundirse en la nieve. Por delante, abriendo el paso, avanzaba Thor, el anciano y milenario hijo de la tormenta y de los truenos. Incansable, pocas veces se detenía, salvo algunos momentos para intentar vislumbrar, con sus ojos cansados, el horizonte inalcanzable. En otras ocasiones se paraba de repente y olía el aire. Levantando ligeramente la cabeza y cerrando los ojos, sonreía imperceptiblemente, como entendiendo el mensaje de los lejanos bosques y las rocas, o como el que intuyendo que le espera al fin su destino, se acerca a él sin miedo, conocedor al mismo tiempo de la fragilidad de la vida y la eternidad del más allá.

Una ventisca les sorprendió, convirtiendo cada uno de sus pasos en una feroz lucha contra el viento, el frío y la nieve. A sus espaldas sentían la presencia de la misma muerte, la diosa Hel, que repetía sin cesar que, acurrucados en su lecho, estarían mejor, protegidos como en el regazo de una madre. Pero en aquellos momentos el entusiasmo de Thor les arrastraba como la fuerza incontenible de las olas hacia una costa peligrosa. Arokin, en ocasiones, deseaba aceptar el consejo de la diosa de la muerte.

A lo lejos, Arokin distinguió un gran bosque blanco. Parecían nubes que habían anidado en la tierra, pues las copas de los árboles estaban cubiertas por la nieve. De cualquier forma, aquella arboleda era el único resquicio de vida y de protección. Entre los troncos helados quizá encontraran pequeñas criaturas resguardándose del frío, y algunas bayas y raíces que, ocultas bajo tierra, aún tuvieran el néctar que les permitiría sobrevivir, por lo menos a él, ya que Thor Odinson parecía no necesitar alimento alguno. Su determinación llevaría al dios al fin del mundo si era preciso, pero Arokin era más débil y menos entusiasta.

El bosque les recibió mostrando los troncos congelados como las columnas de un templo, o como los colmillos de un ser inmenso y monstruoso. En el interior la oscuridad crecía conforme avanzaban, apagando le tenue luminosidad de aquel invierno con las sombras producidas por las copas de los árboles.

De pronto Thor, que seguía delante, se detuvo haciendo a su vez un gesto rápido, al tiempo que le indicaba a Arokin que debía hacer lo mismo.

Los pies de Thor, protegidos por unas sandalias de piel y enrollados en tela, se hundieron en la nieve. Después dobló ligeramente las rodillas mientras agarraba el mango del martillo que sujetaba en su espalda. Las manos de Arokin buscaron con nerviosa rapidez el arco y las flechas. Dejó caer el fardo y cargó una flecha en el arco. Thor hizo un gesto ordenando silencio, pero los dientes de Arokin castañeaban por un repentino miedo. Lo que no conseguía el frío, lo hacia una terrible sensación de peligro que flotaba por el aire.

No se escuchaba ni el susurro del viento. La nieve se elevaba flotando ligera ante ellos. El anciano dios del trueno, envuelto en la manta que le protegía del frío y del viento, se agazapó sobre sí mismo. Su cuerpo, normalmente encorvado por los años y el toque de Elli, aún se encogía más mientras sujetaba con ambas manos el mango del martillo Möjllnir. El príncipe de los Ases, aunque era una sombra de lo que fue, aún conservaba en su interior el fuego que le hizo ser el más admirado de los dioses de Asgard. Ásathor hizo temblar los Nueve Mundos con el peso y la fuerza del martillo encantado, pero ahora, a los ojos de Arokin, era demasiado viejo, además de tener la visión bastante limitada. En otro tiempo se hubiera sentido seguro bajo la protección de Thor Odinson, pero en esos momentos no podía evitar que su corazón se quedara helado, y no por el intenso frío.

De repente, enfrente de ellos, vieron agitarse las ramas de unos árboles situados a un lanzamiento de piedra. Después volvieron a sus posiciones normales, acariciadas por el frío viento y los copos de nieve. Pero al momento, sin un aviso que predijera lo que iba a ocurrir, las hojas secas y las ramas heladas estallaron en un millar de direcciones, dejando paso a una furia de pelaje blanco, grande como un gigante, que les desafiaba con un poderoso gruñido capaz de helar la sangre de hombres y dioses por igual.

A Arokin se le cayó la flecha que sujetaba con la mano. Intentó cogerla de nuevo y colocarla sin éxito sobre el arco, el que temblaba como las ramas lo habían hecho momentos antes. Thor no había retrocedido ni un paso, al contrario, se había movido muy despacio hacia donde se situaba la bestia.

Era un inmenso lobo tan grande como tres hombres, de pelaje blanco y ojos rojos como brasas encendidas que brillaban de la misma manera que el fuego. El lobo parecía dudar, los sentidos de las bestias les permiten ver más allá de lo que lo hacen los ojos humanos. Su instinto le advertía que el anciano que le enfrentaba sin miedo era algo más de lo que aparentaba su frágil imagen. La bestia se movió de un lado a otro, olisqueando el aire, mostrando sus colmillos grandes y afilados, emitiendo un gruñido profundo que surgía de sus entrañas creando un vaho que se deshacía en el aire. Thor esperaba, balanceando su martillo con seguridad, sin retroceder ni un paso ante aquella mole tan grande como tres hombres.

–¿Eres acaso un retoño de la estirpe de Fenrir? –preguntó Thor al animal, seguro de no recibir respuesta. Pero la bestia pareció entenderle y le mostró aún más sus colmillos; sus ojos resplandecieron con más fuerza–. Pues has de saber que ya una vez hundí este martillo en el cerebro de tu progenitor.

Arokin sabía que no fue Thor Odinson quién mató al lobo Fenrir, pero tal vez la bravuconada del anciano dios tuviera efecto, así que guardó silencio y se preocupó de colocar en el arco una flecha en condiciones.

Thor, aguantó la posición como una estatua, esperando la embestida del animal. La bestia se lanzó hacia él mientras emitía un poderoso rugido. Era como una montaña, un gigante ante el cual, como si de una fuerza de la naturaleza se tratara, el anciano no tenía ni una mínima oportunidad. Los colmillos, emitiendo destellos plateados, describieron un arco mortal. Aún así, Thor realizó un movimiento demasiado rápido para su edad y esquivo la dentellada. La nieve se elevó por el aire ocultando la escena. Trozos de tela volaron junto a los blancos copos en un torbellino confuso. Al momento, cuando se despejó el pequeño caos originado por la lucha, el corazón de Arokin se sintió cogido en el puño de un gigante. Thor Odinson había caído, se encontraba arrodillado con la sangre brotando de su brazo derecho, y el martillo, a corta distancia, reposaba sobre la nieve. El lobo se giraba sobre sí mismo y se disponía a realizar un ataque definitivo.

Arokin consiguió lanzar una flecha, pero quizá por las repentinas ráfagas de viento, la espesa nieve o por el miedo que le atenazaba, ésta se perdió entre los árboles; lo único que consiguió fue llamar la atención de la bestia, que ahora le miraba a él. Cargó como pudo otra flecha, la lanzó y esta vez si acertó en el cuerpo del animal. Pero éste sólo dio un pequeño respingo de dolor, apenas pareció notar el dardo que se le había clavado en el costado izquierdo.

El lobo blanco volvió a prestar atención a Thor. De alguna forma instintiva sabía que el verdadero peligro se encontraba en ese anciano de largos cabellos y barba nívea. El animal estaba situado entre el martillo Möjllnir y el dios del trueno. Entonces Thor se dirigió a Arokin.

–¡Lánzame la espada!

Arokin le obedeció al instante. El arma acerada y brillante, cortó el aire y cayó cerca de Thor, clavándose en la nieve.

De nuevo los colmillos brillaron ante los ojos de Thor, que esta vez se había agachado, quedando por debajo de la bestia, con las piernas dobladas y tensas, presto a lanzarse hacia el cuerpo de su enemigo. Con pericia arrojó un mandoble desde abajo siguiendo una trayectoria hacia arriba y luego de izquierda a derecha, que acabó en el costado del animal, clavándose prácticamente hasta la empuñadura. Pero el lobo no cayó, por el contrario, golpeó a Thor con su cuerpo, enviándolo contra el tronco de un árbol cercano. Durante un segundo el hijo de Odín se quedó aturdido, pero de un salto se puso en pie y, antes de que Arokin pudiera cargar una de sus últimas flechas, se abalanzó con furia salvaje hacia el lobo, volviendo a esquivar una dentellada mortal y hundiendo de nuevo su espada. El inmenso lobo pareció quedarse petrificado. Levantó su hocico hacia las estrellas y, después, se desplomó, exhalando encima del dios del trueno un último lamento.

CABALGA LA MUERTE EN SILENCIO BUSCANDO A QUIEN LLEVARSE CON ELLA

Un hijo es mejor, aunque nazca tarde,
tras que el hombre muera,
rara vez una lápida se alza en el camino
si no la erigió el hijo.

Snorri Sturluson, *El discurso del altisimo*, Havamal, 72

De nuevo llegó la noche, que aún era más cerrada y tenebrosa al dudoso amparo del bosque congelado, extraño museo de figuras blancas retorcidas de frío.

Habían sobrevivido al ataque del lobo blanco, la criatura más terrible que recordaba Arokin, de las que se le habían acercado. Pero no habían salido indemnes de la refriega, Thor estaba herido. Los colmillos de la bestia desgarraron, como si se trataran de espadas melladas, los músculos del brazo derecho del As. La sangre había manchado la nieve. Un poco de color no venía mal en la lánguida monotonía del paisaje, pero la sangre roja se volvía negra conforme se acercaban las sombras.

Sin embargo, el bosque siempre guarda presentes para sus visitantes y en esta ocasión no iba a ser menos. Primero les regaló algo de madera que, hundida en la tierra, aún podía arder si se tenía la suficiente constancia. Después estaba el segundo presente: la misma bestia que les había atacado.

Arokin desplegó la manta, formando de nuevo con ella un pequeño refugio, y allí resguardó al anciano herido. Con la misma tela que envolvía el sagrado martillo Möjllnir cubrió la herida producida por el lobo. La anudó alrededor del antebrazo y apretó con fuerza hasta que la sangre dejó de manar. Después, y tras largas horas, consiguió prender un pequeño fuego que a duras penas lograba mantener. Les daba un calor que agradecían tanto como si fuera el mismo sol brillando en el cielo.

Arokin cortó algunos pedazos de carne del animal con la espada y los asó en las llamas. Llenó los cuencos con la sangre del lobo. Le ofreció uno de ellos a Thor, que no le hizo ascos y seguidamente él también hizo lo propio. Sintió un calor reconfortante en su garganta, aquella sangre era la de un ser mítico y estaba repleta de magia. después devoraron la carne hasta quedarse saciados.

Cuando Arokin estaba dispuesto a dormir, notó que Thor se incorporaba y se aproximaba al fuego. La herida que le había infligido la bestia hubiera matado a cualquier hombre, o lo habría postrado durante meses con fiebre y delirios, pero Thor era el hijo de Odín.

–Dime Arokin, ¿qué recuerdas de Asgard y del Ragnarök?

El guerrero se incorporó ante la inesperada pregunta. Parecía que Thor recuperaba sus fuerzas y ahora se encontraba descansado y repuesto.

–Cada vez son más densas las nieblas que nublan mis recuerdos –contestó Arokin–. Muchas veces son imágenes inconexas, otras son sueños que confundo con la realidad. Yo era

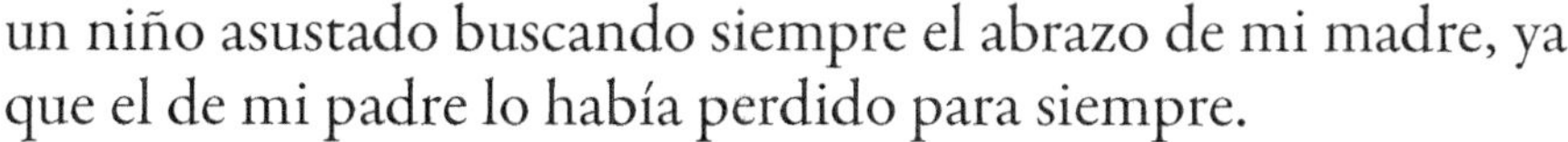

un niño asustado buscando siempre el abrazo de mi madre, ya que el de mi padre lo había perdido para siempre.

–Pues nárrame lo que tu memoria atesore, por poco que sea.

Arokin se quedó en silencio unos instantes mientras miraba fijamente la débil llama que mantenía su particular lucha contra el frío. Después cerró los ojos y se mordió los labios resecos, esforzándose para que surgieran las palabras.

–Lo primero que recuerdo es el fuego y el ruido; un continuo y ensordecedor estruendo. Los guerreros corrían de un lado a otro, gritando, dando ordenes, lanzando maldiciones, unos nos arengaban para que huyéramos; otros, los heridos, nos pedían ayuda desesperada.

–Parece el tiempo en el que sucedió el Ragnarök, ¿verdad? –preguntó el anciano.

–Era el fin, sin duda. Las murallas de Asgard temblaban como sacudidas por los golpes de puños enormes. Los gigantes del hielo y la montaña se encontraban al otro lado de los muros. Blandían sus mazas y sus hachas con furia, golpeando una y otra vez, sin encontrar apenas resistencia. Las piedras se quebraron con un desgarrador lamento. Las mujeres se preguntaban dónde estaban nuestros protectores, dónde estaban los Ases. Escuchamos a algunos moribundos narrar que los demonios estaban ganando la batalla que tenía lugar en el valle. Uno de ellos dijo haber visto al Lobo Fenrir devorar entre sus fauces a decenas de guerreros, otro repetía sin cesar que la serpiente Midgard había surgido del mar y, alzándose hasta rozar el cielo, se enfrentaba al poderoso Thor que le atacaba con la toda fuerza de la mayor de las tormentas. Otro herido balbuceaba, entre lágrimas impropias de un guerrero, que el mismo Odín había caído.

–¡Odín caído! –susurró Thor sin dejar de escuchar visiblemente conmocionado.

–Eso dijeron. Lo cierto es que no teníamos protección y, sin ayuda, poco podíamos hacer las mujeres y los niños. Así, mi madre recogió todo lo que pudo cargar a su espalda y me dijo que íbamos a marcharnos lejos, que tal vez nunca volveríamos a contemplar la ciudad de los dioses.

–¿Cómo se llamaba tu madre? –preguntó el anciano–. No me lo has dicho.

–Su nombre era Röskva. Sé que era muy guapa y una mujer valiente, como si fuera una valkiria o una asina, pero también era una pobre mujer que perdió a su esposo en la batalla del Fin del Mundo y que, como muchas otras mujeres no tenía la fuerza suficiente para proteger a su hijo de lo que se avecinaba, la furia de los gigantes, los trols y de los demás enemigos del Reino Eterno. Pero tenía un coraje indomable, como lo tienen todas las madres, cuando se enfrentan a lo que amenaza a sus hijos.

»Éramos un grupo numeroso. Recuerdo a otros niños, a algunos ancianos y varias mujeres, avanzando apretujados por los callejones de la ciudad, buscando una salida oculta en la muralla, que nos permitiese escapar de la destrucción y la matanza que tenía lugar. Pude contemplar a un gigante de la escarcha penetrando en Asgard por una grieta abierta en el muro. Era un ser inmenso, de piel azulada y mirada envuelta en sangre. Su cuerpo estaba repleto de tatuajes y adornos que recorrían toda su piel. Anillos en la nariz y las orejas, huesos atravesando sus hombros y brazos. Collares hechos con cráneos humanos envolvían su cuello y pecho, y en su boca brillaban los colmillos y los dientes más espantosos que he visto y, seguramente, veré nunca. Rugía como un centenar de truenos a la vez, y con una enorme maza golpeaba a todos los que intentaban detenerlo, lanzándolos hacia todos lados como paja al viento. Los cuerpos se rompían contra las rocas o por el golpe despiadado del arma del gigante. Mi alma se heló cuando la mirada infame del monstruo se cruzó con la mía. Mi corazón de niño quedó marcado a fuego por el inmenso miedo que sentí. El gigante del hielo se lanzó hacia nosotros con poderosas zancadas y profiriendo imprecaciones y carcajadas atroces. No podía hablar ni gritar, el aire escapó de mis pulmones, sólo podía señalar el lugar dónde se encontraba el gigante avanzando como un terremoto, abriéndose paso entre guerreros, rompiendo las esquinas de las callejuelas y alguna que otra pared de las casas abandonadas. Creí que el fin había llegado, cuando, por suerte para nosotros, conseguimos salir por una pequeña puerta disimulada en la muralla. Pero algunos que venían detrás de nosotros quedaron encajados en la estrecha apertura, que se había convertido en un embudo mortal. Mi mente infantil imaginó con detalle al gigante golpeando con salvajismo los cuerpos de los infortunados que no habían podido pasar y que, encallados en la estrechez del hueco, habían quedado expuestos e indefensos como corderos a punto de ser masacrados. Casi pude sentir los golpes que el monstruo les propinaba mientras escuchaba los gritos de dolor y los suplicantes lamentos. El gigante se abría paso entre los cuerpos, incluso destrozaba alguno entre sus fauces desgarrando miembros y arrancando cabezas. Nunca he podido olvidar el ruido de los huesos al quebrarse y la carne al ser aplastada.

–Los gigantes del hielo son las criaturas más crueles de todas las que deambulan por los Nueve Mundos –dijo Thor, consternado por lo que Arokin narraba.

–Sí, es cierto, y tuvimos mucha suerte al conseguir escapar de aquella situación. Pero las Nornas nos habían reservado algo mucho peor al final de los hilos que estaban tejiendo para nosotros. El fuego era el señor del mundo, las llamas devoraban las murallas y las almenas. Los ricos salones de Gladsheim y Valaskialf se desmoronaban ante el ataque incontenible de los enemigos de Asgard. Nosotros sólo podíamos intentar escapar y alejarnos todo lo posible de la batalla. Pero antes de que hubiéramos podido apartarnos de la sombra de la muralla, escuchamos el bramido del gigante a nuestras espaldas. Todavía no estábamos a salvo, al contrario, nuestro fin parecía que se encontraba más cerca y, en esa ocasión, no podríamos salvarnos.

»El gigante del hielo alzó una inmensa maza ensangrentada y se dispuso a golpearnos, mientras el grupo intentaba desperdigarse y huir en desbandada del espantoso ser. Entonces, en el rostro execrable y sonriente del gigante se trazó un rictus de dolor. Enseguida me di cuenta de que algo o alguien le había atacado. Mi corazón se llenó de alegría y orgullo cuando contemplé al poderoso Vídar enarbolando una lanza subido en la espalda del gigante. El As se movía muy rápido, agitando al viento una capa oscura y sus cabellos rojos. Juraba por Odín y por los Nueve Mundos, mientras hundía una y otra vez el arma ensangrentada en el cuerpo del monstruo. El Aesir, situado ahora sobre el pecho del gigante que yacía, inmóvil y sin vida, nos hizo gestos para que nos marcháramos. Dejó de prestarnos atención cuando escuchó los sonidos de Gjallarhom, que Heimdall hacía sonar una y otra vez con fuerza y eran oídos en todo el reino. Aquella fue la última vez que pude ver a Vídar. Se alejó saltando y corriendo entre los escombros y las llamas, para unirse de nuevo a la batalla después de habernos salvado. Nos dispusimos a continuar la huida. Mi madre Röskva me aferró con fuerza a su pecho. Nos lanzamos a una marcha desesperada y, sobre todo, de final incierto. Apenas habíamos avanzado cuando algo inesperado sucedió.

»Unas sombras extrañas invadieron la tierra. Pensé que las nubes de una tormenta o el humo de los incendios provocados por la lucha, habían oscurecido el cielo. Entonces pude observar a algunos del grupo señalando hacia arriba, asombrados unos y espantados otros. Hice lo propio y miré con cierto temor lo que me podía encontrar. Lo que vi supera, aún hoy en día, a todo lo que he visto en el resto de mi vida. Mi corazón de niño se sobrecogió aterrado y tuve la certeza de que el fin estaba próximo de lo que imaginábamos, que nadie nos podía salvar. La esperanza que atesoraba en mi interior era menor que un suspiro, menos que nada. Sobre nuestras cabezas, desplazándose con terrible suavidad entre las corrientes de viento, pude ver un inmenso navío. Era gris, como los nimbos bajos de una tormenta, casi negro como el cielo momentos antes del anochecer. A su paso emitía un rumor extraño, sonaba como si se tratara de la música melancólica de un millar de flautas tocadas por los enanos de las cavernas. Eran también unas notas estremecedoras que se abrían paso entre los gritos y ruidos propios de la batalla. A su paso los guerreros dejaban de luchar y los trols sonreían mostrando sus dientes mellados y podridos.

–Ese barco era Naglfari –interrumpió Thor la narración de Arokin–, el navío de la muerte, construido con las uñas de todos los guerreros muertos. Su quilla señala el camino al infierno. Sólo puedo recordar su nombre y lo que era, pero no puedo verme a mí mismo en esa portentosa batalla. Mi alma sufre demasiado ante lo que me cuentas.

–Así es, escuché el mismo nombre del barco como un susurro temeroso en mi espalda. Alguien, tal vez un anciano creo recordar, pronunció con la voz temblando en sus labios «Naglfari» y dijo que los hombres y los dioses hubieran deseado que jamás aquella afrenta surcara el cielo de Asgard. Pero allí estaba Naglfari, terrorífico, poderoso, dominando desde las alturas el mundo que se agitaba bajo él, inmerso en una lucha que parecía inacabable. Otra voz llegó a mis oídos, se trataba de una mujer, y dijo que había visto sobre la cubierta de la nave a Hrym, el gigante de la escarcha, comandando el barco, dando ordenes y preparando el ataque. También dijo que al lado del gigante había podido ver durante unos instantes a una figura envuelta en sombras. Le pareció que se trataba de un guerrero enfundado en una armadura negra, pero no sabía quién era ese demonio.

–El nombre de Hrym resuena en mi mente como un trueno –confesó Thor–, aunque yo tampoco sé quién podía ser ese guerrero que le acompañaba. Son muchas las lagunas que enturbian mis recuerdos.

–Había algo más –continuó Arokin con su narración–. Flanqueando a Naglfari avanzaban también, semejantes a los buitres, un número incierto de navíos más pequeños, como los retoños de una camada infernal. Eran embarcaciones que enarbolaban velámenes negros como el carbón. Sobre sus cubiertas yo mismo pude contemplar decenas de extraños guerreros. Las lágrimas brotaron de mis ojos y lancé al viento un llanto desconsolado. Aquellos guerreros eran muertos que habían regresado a la vida. Rostros cadavéricos me miraban sin ojos desde unas cuencas vacías y profundas, desprovistas de toda piedad. Sus dientes rechinaban en una suerte de risa maligna, mientras hacían resonar sus espadas contra los escudos y las armaduras que portaban. Algunos todavía conservaban restos de carne putrefacta. Otros sólo eran ya huesos pelados y amarillentos, pero todos emanaban un hálito de maldad. Una voz exclamó con espanto: ¡Las Legiones Negras!

–Sí, Gebal era su comandante –confirmó Thor–. Un verdadero demonio del que poco se conocía en aquellos tiempos. Tu relato me ayuda a recordar poco a poco.

–¿Era quizá Gebal el de la armadura negra, el que acompañaba a Hrym en la cubierta de navio Naglfari?

–No lo sé –respondió Thor Odinson.

–Alguien dijo, mientras las terribles huestes pasaban por encima de nuestras cabezas –siguió narrando Arokin–, que debíamos continuar nuestra marcha y avanzar sin mirar atrás. No pude evitar que mis ojos se dirigieran hacia el lugar al que se desplazaban aquellos barcos: las murallas de la Ciudad Sagrada. Conforme se acercaban, empezaron surgir y a caer miles de flechas y de lanzas, dardos con los que atacaban desde las cubiertas de los navíos y también como respuesta a las defensas asgardianas. Era como una lluvia torrencial de muerte que apenas dejaba ver nada más. También observé maravillado las bolas de fuego lanzadas desde las catapultas, ocultas tras los muros de la ciudad, trazando en el firmamento una estela llameante que impactaba en los barcos de las Legiones Negras. Alguno parecía no sufrir mella alguna por el ataque, pero, desde la lejanía, pude contemplar con regocijo que uno de los barcos empezó a arder como una antorcha y se precipitó contra la tierra. Momentos después y tras bajar una pequeña colina, perdí de vista los acontecimientos de la batalla.

–Inmensa guerra –intervino el anciano–, actos heroicos, sangre y muerte, ¿que más puede pedir un guerrero?

–La guerra sólo es dolor –respondió Arokin–, dolor y miedo en todas sus manifestaciones.

–Sigue narrando –insistió Thor, como si no le hubiera escuchado.

–El resto es doloroso, no quiero recordarlo.

–Debes hacerlo –le espetó casi como una orden.

–Huimos. La niebla ocultaba los caminos y llenaba el mundo de silencio. El frío cada vez se aferraba más a nuestra piel. Hacía varios días que dejamos atrás los clamores de la batalla. Los ruidos espantosos, los gritos y los lamentos perduraban como tristes ecos repitiéndose en nuestros corazones. Sabíamos que el mundo se estaba desmoronando a nuestro alrededor. No llegaban nuevas de Asgard. Del lugar de donde veníamos sólo quedaba silencio, como el que nos traía la niebla. Durante días no vimos el sol, parecía que una sombra había cubierto todo el mundo. Nos preguntamos si eso era el fin, el tiempo después del Ragnarök, y cuánto nos quedaba por sobrevivir en aquellas circunstancias.

»Antes te dije que mi madre Röskva era una mujer valiente. No tenía nada que envidiar en coraje a una valkiria y tampoco a una asina, pero lo que no te había dicho es que era una mujer muy bella. Sus cabellos eran dorados y siempre los llevaba anudados en dos largas trenzas. Se las cortó antes de los últimos días, quedando una corta y lisa melena que le rozaba los hombros. Sus ojos eran azules y claros, reflejos de un alma sincera, pero también me pareció que estaba atormentada por momentos que, aunque yo los presentía, jamás me desveló.

»Pasaron los días, siempre envueltos en brumas. El grupo se fue desgajando. Algunos se perdieron en la noche, o en senderos invisibles; otros, ya débiles y enfermos, cayeron muertos en el camino. A veces escuchábamos lejanos lamentos y el griterío de mujeres y niños mezclados, con los gruñidos de algunos trols. Otras nos ocultábamos en los lindes de algún bosque, ya que no nos atrevíamos a penetrar en su interior, dónde parecían acechar innumerables peligros. Llegó un día en el que la niebla se despejó dejando ver una claridad cercana a la de una mañana sombría. Apenas quedábamos una docena de personas: cinco mujeres, incluida mi madre, tres niños y cuatro ancianos; todos indefensos y asustados. Esa mañana escuchamos unos murmullos y el rumor de fuertes pisadas que parecía que intentaban ser lo más silenciosas posibles. Alguien se había percatado de nuestra presencia y nos estaba acechando, preparándose para atacarnos. Cuando nos dimos cuenta estábamos rodeados por un grupo de trols. Eran al menos seis, aunque nunca lo sabré seguro. Mi madre actuó con rapidez. Antes de que aparecieran consiguió arrojarme a un vado, al lado del camino, cubierto de maleza y rocas. Recuerdo que me golpeé en la cabeza y en los brazos. En un primer momento no entendí lo que estaba pasando, ni porqué mi madre había hecho eso, después lo comprendí todo. Fue entonces cuando los trols surgieron de la nada y rodearon al desprotegido grupo. Todo se convirtió en una pesadilla que he vuelto a revivir tanto de día como de noche. Tuve miedo, un gran pavor que atenazó mis músculos. Aunque sé que no hubiera podido hacer nada, me quedé allí oculto entre los matorrales contemplando atónito y horrorizado lo que ocurría ante mí.

»Mi madre Röskva, después de protegerme, siguió moviéndose con toda la velocidad que podía. Agarró un arco que llevaba a su espalda otra de las mujeres y varias flechas. Sin pensarlo dos veces apuntó a un trol, que ya se abalanzaba sobre ella, y con gran precisión le atravesó un ojo con una flecha que asomó la punta por detrás de la cabeza. El monstruo cayó hacia atrás como un saco, sin vida. Otro trol que acababa de matar a uno de los ancianos se volvió hacia ella, para encontrarse con otro dardo que le atravesó el cuello. Se derrumbó de rodillas y, antes de desplomarse definitivamente, otra flecha se le introdujo por la boca que tenía abierta. Mi madre no tuvo tiempo de cargar otra flecha, un trol la golpeó con el puño y la dejó aturdida. De soslayo pude ver como otro de los infames monstruos acabó otra de las mujeres. Los cuerpos de los niños estaban tumbados en el suelo, destrozados, muertos. Fue terrible.

»Uno de los cuatro ancianos que aún estaba vivo, consiguió clavar una daga en la espalda del trol, pero sólo logró herirle levemente y, sobre todo, enfurecerle. El mismo trol herido, junto con uno de sus compañeros, cogieron al anciano y lo lanzaron repetidamente contra el suelo. Creo recordar que, para entonces, ya habían sido asesinados todos los miembros del grupo, únicamente mi madre permanecía con vida. Tambaleándose, intentó coger el arco, pero de nuevo fue golpeada. Al poco tres de los trols le habían quitado toda la ropa y uno tras otro la violaban con furia. Recé a los dioses porque ya estuviera muerta, porque las Nornas fueran piadosas y mi madre descansará ya en los dominios de Hela; pero no fue así. Pude ver sus ojos mirándome desde la distancia y, a pesar de todo lo que estaba pasando, percibí en ellos la alegría de comprobar que yo estaba oculto y a salvo. Pasaron varias horas durante las que fue violada una y otra vez. Al fin, mi madre murió bajo los golpes de los salvajes trols... ¡por Odín! ¿Por qué no caí muerto ese día fulminado por un rayo? ¡¿Por qué?!

–El destino de un hombre es incierto y es un misterio lo que las Nornas guardan para su vida –dijo Thor–. Todo lo que ocurre en los Nueve Mundos, en Asgard, en Muspellheim, en el Vahalla, en Midgard, en Jotunheim, en Vanaheim, todo tiene un significado y una razón para que ocurra de tal o cual manera.

–Te equivocas, príncipe de los Ases, hijo de Odín, señor de la tormenta. La razón por la que todavía sigo vivo es por que soy un cobarde, un maldito cobarde que merecería ser quemado en las ardientes fraguas de los enanos. ¿No has visto que la única sangre que se seca en mi espada es la sangre de pequeños animales muertos? La primera sangre que ha bebido es la que derramaste con ella cuando abatiste al lobo blanco que nos atacó. Soy un cobarde y merezco una muerte cruel y vergonzosa, como ha sido toda mi vida: una vergüenza.

Thor se quedó en silencio meditando las palabras de Arokin. En ese momento cogió el martillo sagrado Möjllnir. En sus manos parecía vibrar con vida propia y, sin duda, la tenía, la fuerza mágica que el mismo Odín le había otorgado.

–Toca el martillo, Arokin, hijo de Röksva –le dijo de improviso–. ¿Qué sientes?

–Está frío –le contestó cuando puso los dedos sobre el metal.

–Así es, está frío por la sangre que ha derramado, tanta como para llenar ríos, lagos y anegar valles. La muerte es fría, como este mundo lo es ahora. Te necesito para devolver el calor a los árboles, al viento, a los pájaros y al agua de los mares. Solo no sé si podré conseguirlo. Mi alma de guerrero es gélida como este martillo, como la muerte. Muchas noches he despertado con terribles pesadillas asaltando mis sueños. En ellas veo rostros de los que han muerto bajo mis manos. Algunos son los rostros de malignos trols o inmensos gigantes de la tormenta y la escarcha; otros son animales míticos, pero muchos son hombres y dioses, y también mujeres y niños que me acusan desde el más allá. Te necesito, repito, Arokin, así que descansa, mañana volverá a ser un día muy largo. Guarda tu rencor y tu ira, que seguramente nos serán muy necesarias en el porvenir que nos espera. Eras sólo un niño, no podías hacer otra cosa. Pero ahora sí puedes.

EL VALLE DE LOS LAMENTOS PERDIDOS DE LAS ALMAS CONDENADAS

> Sentada estaba cuando vino el anciano
> príncipe de los Ases y la miró a los ojos.
> ¿Qué me preguntáis? ¿Por qué me tentáis?
> Lo sé todo, Odín: dónde ocultaste tu ojo,
> allá en la famosa fuente Mímir;
> Mímir bebe hidromiel cada mañana
> de la prenda de Valfödr.
> ¿Sabéis aún más, o qué?
>
> Snorri Sturluson, *Völuspa*, 28

Sólo puedo recordar algunos nombres –dijo Thor rompiendo el silencio que los acompañaba desde que comenzó la nueva jornada–. Algunas imágenes sin sentido acuden a mi mente, como viejos retazos de sueños que olvidé hace mucho tiempo.

Arokin no le respondió. Desde la noche anterior, cuando le había narrado al anciano los terribles acontecimientos de su niñez, no había abierto la boca. Rememorar aquellos hechos había perturbado su alma.

–Guardar silencio no te ayudará en estos momentos –insistió el hijo de Odín–, pues el desconsuelo se quedará en tu interior, reconcomiéndote como un hambriento gusano. El dolor no es ajeno a los hombres. Pocos son los que pueden alardear de una vida completamente gozosa. La existencia de los hombres y los dioses es una tragedia desde el mismo momento del nacimiento, es una lucha continua, un sufrimiento inacabable.

–Sé que es así. Lo he vivido en mi propia piel desde que alcanzo a recordar –le respondió–. Pero has de reconocer que no todos nos llevamos la misma ración de penurias.

–La historia que me has contado es, en verdad, difícil de soportar; incluso para corazones endurecidos en la batalla, que han caminado al lado de la muerte y han paladeado el sabor de múltiples desgracias.

–Ahí está la verdadera razón de mi pesadumbre: mis actos cobardes impropios de un hijo de Asgard. Debería haber muerto ya hace mucho tiempo, pero creo que se me habría negado la entrada al Valhalla, pues sus puertas están cerradas para los pávidos.

–No desesperes, seguro que el destino te reserva nuevas oportunidades para deshacerte de las sombras de tu pasado. El miedo es una sensación que no podemos ignorar, sólo que no podemos dejar que nos domine.

–Llevamos días caminando y lo único que hemos encontrado es un inmenso lobo que casi nos convierte en su cena. Como siempre, he hecho muestra de mi cobardía, de no ser por ti estaría muerto.

–Intentaste matarle con las flechas. Llamaste su atención, lo que me dio unos instantes preciosos. Y tú me facilitaste la espada con la que lo maté. A partir de ahora tenemos que creer que nuestra suerte está unida y que va a cambiar a mejor.

Las palabras del anciano dios del trueno fueron proféticas.

Tras unas rocas elevadas, se descubrió ante ellos un valle en el que se podía observar la superficie de un antiguo río, que recorría el paisaje blanco como una lengua plateada. Siguiendo el curso del río congelado vieron algo que no podían creer. Al final del valle se abría un gran claro rodeado de dos cordilleras que delimitaban toda la escena. En el centro del claro se alzaba una pequeña cabaña. Tal vez fuera un refugio abandonado, pero de cualquier manera les proporcionaría cobijo.

Después de varios días caminando sobre la nieve y el hielo, los pies comenzaban a sufrir las heridas del frío. Arokin apenas si los notaba, envueltos en algunos trozos desgarrados de las mantas que llevaban, a fin de protegerlos lo más posible. Aún así, Arokin temía que llegara el momento de verlos, pues habría jurado que andaba sobre dos muñones y que los pies habían desaparecido, consumidos, por el efecto de las bajas temperaturas soportadas durante tanto tiempo.

–Allí, al final del valle, distingo un refugio –le informó Arokin, ya que el anciano apenas podía ver–. Es una cabaña y parece encontrarse abandonada. No se ve luz, ni fuego, ni algún penacho de humo que delate que esté habitada.

–Fíjate joven desconfiado ¿Acaso dudabas de mi palabra? –le preguntó el anciano príncipe de los Ases–. ¿No te dije que nuestra suerte iba a cambiar? Mi instinto guerrero nunca se equivoca, puedo oler en el aire tanto la desgracia como la buenaventura.

–No puede ser peor que pasar otra noche cobijados bajo unas mantas, apoyados uno con el otro, cerca de algún tronco o roca.

–Entonces no debemos entretenernos más tiempo. La noche cae y aún tenemos que recorrer un buen tramo de camino.

Se adentraron en el valle mientras se alzaba alrededor de ellos un ligero viento, que conseguía helar aún más, si eso era posible, sus cuerpos cansados. El viento susurraba entre las rocas y los troncos de árboles muertos con una extraña letanía, cargada de una nostalgia que se aferraba a sus almas como las garras de un halcón al corazón de un gorrión.

La casa estaba aislada en mitad del claro. A su alrededor no habían piedras, ni árboles, e incluso la nieve sólo era una débil capa que apenas cubría una especie de grava gris. La cabaña daba la impresión de ser la muela de un gigante clavada en la tierra. El anciano se acercó sigiloso con Arokin pegado a su espalda.

La puerta se encontraba entreabierta. Mecida por el viento, emitía un chirrido que acompañaba al silbido del aire al cruzar el umbral.

–Vamos a entrar –dijo Thor, al tiempo que ya atravesaba la puerta abierta–, parece abandonada.

–No pienso igual –le respondió Arokin–. Aquí en el suelo de la entrada hay unas huellas recientes. Son las de una mujer.

–Entonces, al menos no nos encontraremos con guerreros dispuestos a enfrentarse con nosotros para defender su propiedad. Si acaso es una mujer le rogaremos que nos dé, si tiene, un poco de comida y hospitalidad.

Arokin siguió al anciano y entraron en la cabaña. Ambos se quedaron con la boca abierta, totalmente asombrados con lo que descubrieron en el interior. Desde fuera el refugio parecía pequeño, para cobijar a dos o tres personas como mucho, pero una vez dentro sus dimensiones eran inmensas. Lo primero que vieron fue una gran mesa de madera en la que ardían dos pequeñas velas iluminando una sala muy amplia. Sobre la mesa descansaban dos jarras llenas de agua y lo que bien podría ser vino o hidromiel; al lado se hallaban varios trozos de pan y un gran queso redondo al que le faltaba un pedazo. Al fondo había una chimenea en la que ardían varios troncos, crepitando y lanzando algunas chispas efímeras. En un lateral de la cabaña se podía apreciar una habitación con una cama, con las sabanas limpias y plegadas sobre el lecho.

–No puede ser –susurró Thor–. Esto no puede estar ocurriendo. Debemos estar soñando o hechizados. En mitad del infierno surge, un reducto de paz para nuestros cansados cuerpos.

–¡Es magia! –replicó Arokin–. Tenemos que marcharnos de aquí. Hay algo maligno en este lugar. Vayámonos, y cuando antes mejor. ¿No lo presientes?

–¡Por Odín! ¿Y vamos a renunciar a estos manjares, después de tantas penurias vividas? Es un regalo de los dioses. No temo a la magia, ni a la brujería ni a nada ni nadie que camine por los senderos de los Nueve mundos.

En ese momento sintieron que la puerta de entrada se abría de par en par a sus espaldas. El viento penetró en la cabaña y las llamas de las dos velas se agitaron temblorosas, pero no se apagaron. Las brasas de la chimenea revolotearon como luciérnagas en un remolino incontrolado. Tanto Thor como Arokin sufrieron un escalofrío que les recorrió la medula espinal y se detuvo en la base de la nunca, donde les erizó los cabellos con más fuerza que lo hacían las corrientes heladas de la noche.

Enmarcada en el umbral y ribeteada por la luz blanquecina que llegaba del exterior, se perfiló la silueta de una mujer joven. Sus cabellos eran dorados como los rayos del tanto tiempo desaparecido y anhelado sol.

–Así es –les habló la mujer con un sonido musical en sus palabras–, no temas a nada que camine sobre la tierra, ni a lo que se suspenda sobre el aire.

Con un acto reflejo, Arokin miró hacia los pies de la mujer y vio que flotaba levemente sobre el suelo.

–Ruego perdones nuestra intrusión en tu hogar –se disculpó el anciano–. Deberíamos haber esperado a ser invitados y no invadir tu hogar como ladrones.

–No os preocupéis –le respondió–. No recibo visitas desde hace décadas, demasiados años para una mujer sola. He pasado muchas horas en completa soledad, ni siquiera tenía la compañía de ratas o arañas. Desde la llegada del invierno la vida es escasa. Sois una grata sorpresa. Además, qué mejor que ver al mismo tiempo la juventud y la vejez unidas. Un muchacho y un anciano, fuerza y experiencia, vigor y paciencia.

Thor Odinson y Arokin estaban ensimismados mientras les hablaba. Era una mujer joven, con ojos felinos y labios gruesos, aunque marcados con algunas estrías. El cabello era como contemplar un campo de trigo acariciado por la luz del atardecer, y las formas de su cuerpo se adivinaban bajo un vestido demasiado liviano para combatir el frío.

–Thor, no presiento nada bueno –le susurró Arokin al oído para que no le escuchara la mujer–. Hay algo maligno en ella. ¿No lo notas?

–¿De que tienes miedo, joven guerrero? –le preguntó la mujer que le había escuchado a pesar de que había hablado casi murmurando.

–Me llamo Arokin –le respondió–. Venimos de Asgard.

–¿Y a dónde os llevan vuestros pasos? ¿No os encontrabais mejor entre sus doradas paredes? ¿Acaso estáis huyendo de algo o de alguien?

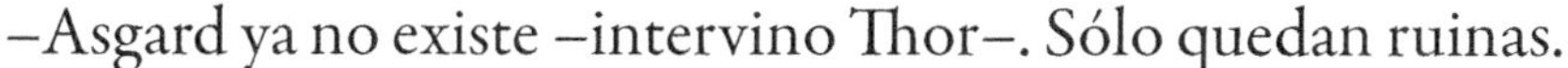

–Asgard ya no existe –intervino Thor–. Sólo quedan ruinas.

–Es verdad, lo había olvidado. La majestuosa ciudad de los dioses fue destruida hace mucho tiempo, ya me lo dijeron otros viajeros que pasaron por aquí, si bien la soledad me juega malas pasadas y confunde mi memoria. Nunca he tenido mucho contacto con el exterior. Vivo en este retiro, al margen de lo que ocurre en el resto de los Nueve Mundos. Mi nombre es Járnvidur, soy hija de una giganta de nombre Gyg que vivía al este de Midgard, en el bosque que era conocido como Járnvid. Hace de esto muchos años, cuando aún el sol refulgía en el cielo y los gigantes de la escarcha todavía no habían hollado los salones eternos de Asgard. Cuando Odín aún reinaba sobre los dioses.

–Mi nombre es Thor, si las palabras de este guerrero que me acompaña son ciertas.

–¿Thor? –preguntó la mujer– ¿Thor de los Ases? ¿El hijo de Odín? Hoy es un día en el que se amontonan las sorpresas. Pero parece que no lo sabes con seguridad, como si no creyeras al joven.

–No recuerdo mi pasado, sólo veo imágenes dispersas. Recuerdo a los dioses y alguno de sus nombres, no sé si porque he oído hablar de ellos o, como dice Arokin, porque he sido uno de ellos, compañero, amigo, hermano de los Aesir. Una vez me encontré sin saber cómo en una triste cabaña, y no recordaba qué había hecho el día anterior, ni mi nombre, ni quién era. Mi vida era un terrible vacío. Esperaba con ansia cada noche para que las pesadillas acudieran a mi mente, pensaba que eran como los recuerdos perdidos. Las pesadillas me daban fuerzas para seguir luchando, para continuar vivo. Aunque no sabía el porqué, tenía la esperanza de que algo cambiaría algún día, hasta que llegó Arokin. Él me mostró una pequeña luz de esperanza y le dio un sentido a mi vida.

–Entonces tenemos mucho de lo que hablar –dijo Járnvidur–. Pero antes vamos a sentarnos a la mesa y compartir lo que tengo para la cena de esta noche. Seguro que vuestros estómagos están tan vacíos como las odres de la vaca Audumla, que alimentó con sus ríos de leche al sediento Ymir.

Arokin y Thor Odinson aceptaron la invitación. Ya no recordaban un momento como ese, en el que podían compartir pan, queso y saborear dulce hidromiel alrededor de una mesa templada por el fuego de la chimenea. Era demasiado bueno para ser cierto, pensaba Arokin, mientras acariciaba nervioso la empuñadura de su espada, que mantenía apoyada a su lado cerca de la mesa. Le embargaba una insufrible sensación que anudaba su garganta.

El anciano reía con las bromas y chanzas de la mujer, que cada vez se mostraba más cariñosa y más sensual. Les acariciaba el rostro y los cabellos con sus suaves dedos, otorgándoles la agradable sensación del roce de un viento cálido en una tarde de verano. El vestido se le pegaba a la piel sudorosa marcando las formas de su cuerpo. Sus caderas, sus pechos, sus brazos, sus labios, cada una de las partes de su figura era una provocación y un sueño para los mismos dioses.

–He pasado demasiados años en soledad, viviendo de sueños y anhelando el aliento de los hombres –dijo Járnvidur con una sonrisa de satisfacción en los labios–. Dos hombres aquí conmigo, y no dos hombres cualquiera. El mismísimo hijo de Odín y Freyja, la más maravillosa de las Asinias, y un osado guerrero que luchó en la gran batalla del Ragnarök y sobrevivió a ella. Puede decirse que soy una mujer afortunada.

–¿Puedo hacerte una pregunta? –dijo Arokin animado por el efecto de la bebida.

–No temas hacerla, Arokin –le respondió enseguida la mujer.

–¿Cómo consigues este queso y tanta hidromiel? Nosotros hemos recorrido grandes distancias y sólo hemos encontrado hielo, nieve y más hielo. Algunas ramas secas y frías piedras. Yo mismo provengo de la lejana Asgard y el primer mendrugo de pan, duro como una piedra, que pude saborear me lo ofreció Thor en su cabaña hace unos días.

–Tengo una cabra llamada Heidrún atada en un pequeño corral detrás de la cabaña. Ella me provee de hidromiel todos los días.

–La cabra Heidrún pertenecía al Valhalla –aseguró preocupado Arokin–. Desde allí ofrecía su hidromiel a los Ases. ¿Cómo la puedes tener para ti?

–¡Pues ahora es mía! –le respondió Járnvidur con un intenso brillo de odio refulgiendo en sus ojos. Pero al instante lanzó una sonora carcajada como intentado disimular su repentino cambio de actitud–. Así que el hijo del Padre de todos lo dioses no puede recordar su pasado, y tampoco está seguro de quién es en verdad. Tal vez no seas Thor y sólo eres un viejo sin memoria que atesora recuerdos que no son suyos.

–Observa, Járnvidur –le dijo Thor mientras desenvolvía el objeto que había dejado a su lado–. Éste es el legendario martillo Mölljnir, la magia de Odín hace que sólo el dios del trueno pueda alzarlo. ¿Quieres probar?

–No, no es necesario –respondió la mujer sin pensarlo dos veces, reconociendo el arma que le mostraba–. Ahora soy yo la que te creo sin lugar a dudas. Sin embargo, puedo ayudarte.

–¿Cómo? –se interesó Thor.

–Puedo hacer que recuperes la memoria.

Durante unos instantes el silencio les envolvió a los tres. El ofrecimiento de Járnvidur les había dejado sorprendidos y sin palabras.

–Te lo agradecería eternamente. Intentaré recompensarte con creces –dijo al fin Thor vislumbrando la posibilidad de volver a tener sus recuerdos.

–Estoy segura de ello –contestó la mujer en voz baja, aunque los dos la escucharon perfectamente. Había un matiz extraño en sus palabras.

–Supongo que querrás algo a cambio –intervino Arokin, convencido de que así seria– ¿Qué tenemos para ofrecerte?

–Tú, por ahora, no tienes nada para ofrecerme que sea de mi interés –le dijo con frialdad–. Pero, tal vez el hijo de Odín, sí.

–Habla entonces, mujer –intervino el aludido–. Dime que puedo darte a cambio.

–Tu padre, Odín, en una ocasión tuvo que entregar un pago muy elevado para conseguir la omnisciencia. Deberías recordar lo que le dio a Mímir para poder consultar en las aguas oscuras del pozo, donde se puede visualizar el pasado, el presente y el futuro. Sin las aguas del pozo de Mímir, tu padre nunca hubiera podido ser el más grande entre los grandes.

–Dime, Járnvidur –insistió Thor–, Arokin me dijo que yo no era conocido por ser un hombre paciente.

Arokin, aunque guardó silencio, ya sabía lo que la mujer le iba a pedir a Thor y no se equivocaba.

–¡Un ojo! –le dijo mirando al dios del trueno a la cara–. Quiero un ojo. Al igual que Odín lo utilizó para pagarle a Mímir, yo lo quiero a cambio de hacerte recuperar tu memoria perdida.

La mujer sonrió con una expresión de profunda maldad. Sus ojos de gato destellaban reflejando las llamas de la hoguera, mientras el anciano meditaba la propuesta.

–¡No, Thor, no aceptes! –exclamó Arokin–. Tendremos nuevas oportunidades, no debes ceder.

Járnvidur giró su rostro hacia Arokin con un movimiento brusco y al instante las palabras murieron en la garganta del guerrero. De alguna forma había conseguido que enmudeciera. Los sonidos que ordenaba desde su mente no conseguían aflorar por su boca. La hechicera le había hecho callar por medio de la magia.

–¿Qué me dices, hijo de Odín, príncipe de Asgard? –le preguntó de nuevo–. No tenemos todo el tiempo del mundo ¿No deseas recobrar tus pensamientos, tus recuerdos, tu vida? ¿No anhelas la verdad?

–¿La verdad? –se preguntó Thor a si mismo–. En ocasiones es tan cruel como la mayor de las mentiras.

–Pero no se puede renunciar a ella –continuó hablando Járnvidur–. ¿Tu quieres hacerlo? ¿Quieres acaso negar la verdad y protegerte tras los muros del olvido como un cobarde? Serás siempre un viejo senil y baboso, con la mente extraviada, consolándote con improvisadas pesadillas, efímeros sueños y sin saber jamás qué parte es cierta o real, y cuál sólo el delirio de un anciano loco.

–Si Odín, el más grande entre los dioses –respondió Thor–, accedió por obtener un bien mayor, yo no puedo menos que seguir su ejemplo. Hasta el dedo meñique de la mano izquierda de mi padre valía más que todo mi cuerpo, cansado y débil.

–Debes estar seguro de lo que vas a consentir –insistió la mujer sonriendo abiertamente–. Después no habrá lugar para el arrepentimiento.

–¡Nunca me arrepentiré de mis actos! –contestó molesto.

–No hay nada ni nadie en los Nueve Mundos, desde Midgard hasta el Valhalla, desde Hel hasta Asgard, que pueda jactarse de no tener una acción de la que arrepentirse. Recuérdalo bien, dios del trueno, nadie.

–Está decidido. Puedes proceder ahora mismo. Como tú misma has dicho, no tenemos tiempo, sobre todo en estos días, donde el tiempo se acaba irremediablemente.

La mujer se levantó de la mesa y se dirigió hacia un rincón donde guardaba lo que parecían unos utensilios de cocina. Cogió un cuchillo curvo. Era pequeño, no más de un palmo, sin filo y con la hoja doblada como un garfio.

–¿Temes al dolor, hijo de Odín?

–Ni el dolor, ni la proximidad de la muerte hacen mella en mi corazón. Mi mente puede olvidar el pasado, si soy Thor o si no lo soy, si luché al lado de los Ases en el Ragnarök o si no lo hice, pero mi alma no ha olvidado el coraje y el valor. Puedes estar segura de ello.

–Entonces, Ásathor, hijo de Odín, no te muevas. Coge con fuerza tu martillo y aprieta los dientes.

La mujer se aproximó a Thor, mientras Arokin cerraba los ojos, ya que no podía girar la cabeza. Járnvidur sujetó con la mano izquierda la frente del dios del trueno, para tener el rostro vuelto hacia ella, y con la derecha aproximó el cuchillo al ojo derecho de Thor. Con gran precisión introdujo la punta curvada del cuchillo y, con un medido giro de muñeca, arrancó el ojo de su cuenca. En ese momento el hechizo sobre Arokin quedó roto, pero seguía sin poder hablar; las palabras morían antes de surgir de su boca.

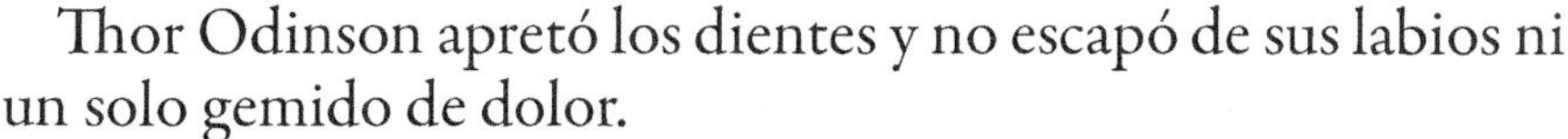

Thor Odinson apretó los dientes y no escapó de sus labios ni un solo gemido de dolor.

–En verdad que eres el digno retoño de tu padre –le dijo la mujer, mientras observaba el preciado tesoro que acababa de obtener y lo movía entre sus dedos como si fuera un juguete en las manos de un niño.

–Ahora cumple tu parte del trato –le recriminó el anciano, tapándose la herida con la mano, sin conseguir evitar que la sangre dejase de manar como la fuente de Urd.

–Claro, pero antes deja que te cure. Solamente necesito aplicarte este ungüento y la herida cicatrizará antes de que puedas parpadear con el ojo que te queda.

En efecto, la mujer cubrió el hueco oscuro y sanguinolento que había quedado al descubierto y al poco dejó de sangrar.

–Quiero recuperar la memoria –ordenó Thor.

–Acompáñame –le dijo la mujer señalando una estancia de la cabaña.

El anciano siguió los pasos de Járnvidur, que se contorneaba como una serpiente, hasta un mueble oculto en un rincón. La mujer abrió el primer cajón y sacó un objeto. Cuando Thor se acercó pudo distinguir a duras penas que se trataba de un espejo, cuya superficie era roja como un lago de sangre. Cuando la rozó con sus dedos comprobó que la textura era también como sangre, húmeda y pegajosa.

–Mira en el interior del espejo –le indicó la mujer–. Contempla los secretos que oculta. En él podrás vislumbrar el incierto futuro, pero principalmente el brumoso y para ti, olvidado pasado. Mira y recordarás los días que se perdieron en el interior de tu memoria rota. Allí verás la verdad que se oculta en tu alma. Mira aquí, Ásathor, príncipe de los Aesir. Contempla en este espejo los acontecimientos terribles del Ragnarök. Sus imágenes impregnarán tu memoria y los recuerdos volverán a ti.

Thor Odinson obedeció y se concentró en el espejo, que no le devolvía ninguna imagen, ningún reflejo. Pero, poco a poco, su conciencia se fue perdiendo en la superficie sangrienta del objeto mágico. Primero penetró en un espacio negro como la noche, después se sintió caer en un abismo. En la lejanía escuchaba la risa de Járnvidur que se repetía como un eco, una y otra vez. Más tarde llegó un repentino silencio y dejó de escuchar a la mujer, de pronto la oscuridad se vio desgarrada por los reflejos de un atardecer. El sol brillaba rojo y dorado en un hermoso ocaso. Hacía tanto tiempo que no lo contemplaba, que ya casi había olvidado cómo era.

LUCHANDO HASTA EL FIN EN LA ÚLTIMA BATALLA DEL UNIVERSO

> Las estrellas se precipitarán desde el cielo.
> Sucederá entonces también que temblarán la tierra
> y las montañas se derrumbarán, y todas las cadenas
> y las ligaduras se romperán y quebrarán.
>
> Snorri Sturluson, *Gylfaginning, El Ragnarök,* LI

Thor Odinson contempló, en el turbulento espejo de sangre, el campo de batalla donde se decidió el destino de los Nueve Mundos. Veía los acontecimientos que ocurrieron en un tiempo casi olvidado.

Dos cuervos negros como el azabache sobrevolaban el llano de Vigríd, recorriendo, suspendidos en el aire, el valle donde se asentaba el ejercito de Asgard, encabezado en ese atardecer por el mismo Odín, sabedor de que en las próximas se iba a librar la lucha definitiva, la guerra que definiría el devenir de los dioses.

Hugin y Munin, los cuervos de Odín, observaron con sus pequeños ojos la llanura que se iba a convertir en el campo de batalla. Volaron hacia el horizonte buscando, entre las montañas y los valles, al enemigo que se dirigía hacia la contienda con insaciable sed de destrucción. Finalmente encontraron al inmenso ejército, que se había formado siguiendo el mandato de las antiguas profecías, que auguraron este día y nada ni nadie podía cambiar lo designado. Había llegado la hora, y la venganza de las huestes de gigantes furiosos, trols y demonios sin nombre, tanto tiempo retrasada, mostraba sus fauces abiertas. Una inmensa sombra compuesta por miles y miles de trols, enanos de las cavernas y gigantes de la escarcha y del hielo, avanzaba como una sola entidad monstruosa. La tierra y las montañas se estremecían a su paso.

Los cuervos regresaron raudos como centellas que cruzan el firmamento. Iluminados por el sol del atardecer, parecían brasas encendidas flotando en el viento. Sus graznidos se escuchaban por las laderas mezclándose con el rumor de los ríos y el estremecimiento de los guerreros. Millares de fuegos ardían agitando llamas y cenizas que se alzaban al viento, para después de revolotear sobre las cabezas de los hombres de Asgard y de los Aesir. Los dos cuervos, Hugin y Munin, descendieron hasta los hombros de Odín, *el tuerto*. Mientras se atufaban las alas murmuraron nuevas noticias en los oídos del dios de todos los dioses. Odín se quedó pensativo, meditando durante unos momentos, después avanzó unos pasos montado en Sleipnir, el mejor caballo de entre todos los que habían cabalgado tanto hombres como dioses.

Odín arengó a los guerreros de la ciudad eterna.

–¡Escuchadme, hijos de Asgard! Lista está para Baldur la hidromiel, la clara bebida que disfruta ahora en el Valhalla. La profecía se ha cumplido, pues no pueden los dioses modificar los hilos de las Nornas. Urd, Verdandi y Skuld tejen el destino ajenas a los sueños e inquietudes de los hombres. Así Hödr arrojó el muérdago al corazón del más noble entre los nobles, el más hermoso y justo entre mis hijos, y la vida le fue robada, y con su vida perdida, nosotros esperamos que llegue el gran Ragnarök y con él sabemos que llegará el fin del Mundo. Los hijos de Muspell ya avanzan hacia nosotros y son más numerosos que las estrellas del cielo nocturno. Después de la batalla nos espera la noche de los largos inviernos.

Tyr, *el poderoso*, el señor de las guerras, se acercó hasta Odín.

–La voz de tus guerreros, Allförd, padre de todos lo dioses, resuena en toda la extensión el valle. Desde las escarpadas laderas hasta el cauce de los ríos. Escucha con atención Odín –al decir esas palabras levantó la espada apuntando hacia las huestes de Asgard, y éstas empezaron a chocar sus armas contra los escudos, primero con suavidad y después con furia. Fue como un rumor que aumentó de intensidad, pasó de ser un suave murmullo como el viento moviéndose entre los juncos a un terrible estruendo como un terremoto, que hizo que todo el valle se estremeciera.

Entonces otro sonido, también un temblor lejano al principio, comenzó a resonar en el otro extremo del valle. Poco a poco venció al que producían los guerreros asgardianos con sus espadas, armaduras y escudos, logrando acallarlos. Era el ejército de Muspell, encabezado por el gigante Hrym, y le acompañaba el lobo Fenrir de pelaje sombrío, que estaba ya libre de Loeding y de Drómi, había roto sus grilletes Gleipnir y, sediento de sangre se disponía a devorar a todo ser viviente que se cruzara en su camino.

Se escuchó la voz de Thor rompiendo el silencio, que se había adueñado, junto con un creciente temor, de las filas de los combatientes. El dios del trueno agitaba su martillo al viento mientras sus cabellos, rojos como la sangre, flotaban alrededor de su rostro ajado y terrible forjado en mil batallas.

–¡Al fin! –exclamó, ansioso de muerte, mientras blandía a Möjllnir–. Mi martillo está anhelando hundir los cráneos de gigantes y trols. Hoy será un gran día para celebrar una inmensa batalla. La lucha definitiva nos espera enfrente nuestro.

–A mi hijo de cabellos rojos –le interrumpió Odín–, le hierve demasiado pronto la sangre con la cercanía de la confrontación.

–Así es, padre –respondió–, no hay nada mejor que la lucha, y más cuando la batalla que vamos a librar será la mayor que se ha visto desde el principio de los tiempos.

–Pues sujeta con fuerza tu martillo, porque hoy va a tener mucho trabajo –le aconsejó Odín.

En ese momento se aproximó un jinete cabalgando por el valle. Era Vídar, que avanzaba ondeando un estandarte en el que se distinguía la silueta de un cuervo.

–Algunos gigantes del hielo han sido vencidos –le dijo a Odín cuando llegó hasta su posición–. Sus cuerpos han sido decapitados y traemos las cabezas en un carro para ofrecerte su muerte. Tu gloria es aún mayor en los Nueve Mundos, grande entre los grandes.

–A los gigantes de la escarcha les parecerán confortables los inviernos de Jotunheim, comparándolos con el infierno que se van a encontrar aquí –dijo Thor esbozando una sonrisa.

Sin embargo, la espera minaba los corazones de los guerreros. El ejército enemigo avanzaba como un solo cuerpo inmenso y pesado. Se movía despacio pero incontenible. Los Ases y los hombres de Asgard comenzaban a mirarse entre ellos, inquietos por tener que permanecer aguardando la llegada de los trols y los enanos, sin moverse apenas, manteniendo una rígida formación.

–Padre, tienes que dar la orden para el ataque –le dijo Thor a Odín–. Nuestros hombres prefieren sorprender a las huestes de Muspell con un golpe frontal y que esos hijos de los lobos sepan quienes son los guerreros de Asgard. Yo abriré el paso entre sus filas como un huracán lo hace ante las hojas en el otoño.

–Aún no es el momento hijo mío, no debemos subestimar el poder de sus fuerzas. Son mucho más numerosos de lo que pensábamos.

–¿Y qué importa sin son un millón o diez millones? Cuantos más sean más morirán, hasta que las puertas del infierno se cierren por no poder acoger a tantos como vamos a enviar.

–Ya queda poco tiempo para que puedas satisfacer tus ansias. Tyr y Vídar atacarán por los flancos. Que sus fuerzas se desplacen por las laderas. Tú les golpearás de frente, como el enemigo saben perfectamente que vamos a hacer. Son conocedores de que los dioses de Asgard pocas veces se andan con otras estrategias que no sean un ataque directo al mismo corazón de sus fuerzas. Ellos también esperan que nuestro orgullo nos haga demasiado confiados. Después del primer ataque yo iré tras de ti. El grueso de nuestro ejército destrozará sus debilitadas filas. Pero no olvides el gran poder que atesoran los gigantes, el monstruoso lobo Fenrir y sobre todo el gigante de la escarcha, Hrym. Tu hermanastro Loki, ya se encuentra entre sus filas.

–Él fue el traidor que conspiró para que sobreviniese la muerte de Baldur, *el bravo*. Él engañó a Hödr para que lanzara el muérdago que lo mató. Será también el primero en morir bajo los golpes poderosos de mi martillo Möjllnir.

–De cualquier forma está ya todo escrito –le dijo Odín–. Piensa, Thor, ¿hasta que punto Loki podía elegir sus actos?

¿No estaba predestinado? ¿No ocupaba el lugar que le correspondía en el tablero de juego, aunque su voluntad hubiera sido otra?

–Entonces, igualmente, mi destino es hundir este martillo en su miserable cráneo.

Vídar se acercó a Odín y al dios del trueno.

–Mi señor –dijo refiriéndose a Odín–, ha llegado un explorador. Trae noticias importantes.

–Que venga lo antes posible. Quiero escuchar sus palabras.

En unos momentos el explorador llegó ante Odín. Clavó su rodilla en el suelo y esperó hasta que el padre de los dioses se dirigió a él.

–Dime sin temor que las podido ver. Escucho con interés todo lo que tengas que contarme.

–Mi señor, nos vamos a enfrentar con huestes de más de un millón de seres infames, y grandes monstruos caminan con ellos. Sabemos que Hrym es el comandante de las huestes y que el lobo Fenrir ha escapado de su prisión rompiendo las cadenas que lo sujetaban; ruge con furia proclamando su venganza. También he podido contemplar cómo la serpiente Midgard se alzaba desde la sangre de Ymir y he podido sentir un estremecimiento en el fresno sagrado. Han liberado a Garm. El perro gigante que estaba atado ante el Gripahell, también está con ellos dispuesto para la matanza.

–Eso ya lo conocemos –dijo Thor con un gesto de indiferencia.

–Pero, hay algo más –continuó el explorador–. Aunque apenas lo he visto durante muy poco tiempo, y mis ojos han dudado de si era real o una pesadilla. He contemplado, tras el ejército de Muspell, una flota de navíos suspendidos como halcones en el aire. Esperando resguardados entre las nubes de una tormenta mágica, que se aproxima, poco a poco, al mismo tiempo que los oculta. Mi señor –el explorador guardó un momento de silencio, como intentando reunir fuerzas–, he podido ver el barco Naglfari al frente de la espectral armada.

–¡El barco de la muerte! –confirmó Odín, con una expresión de preocupación en su mirada–, construido con las uñas de los muertos, el bajel más poderoso y terrible que se ha fabricado por manos humanas o divinas.

–Sí, mi señor –añadió Tyr, el dios de la guerra–, pero la profecía sobre el día del Ragnarök no habla de una flota de barcos, sólo de Naglfari. ¿Cómo puede ser?

–Es cierto –respondió Odín–, sin embargo, en una ocasión, cuando miraba en el fondo del pozo de Mímir, observé algo extraño que se ocultaba entre sombras y, ni siquiera yo, pude ver de qué se trataba. Algún hechizo urdido por algún enemigo estaba actuando contra mí.

–Debe ser una magia muy poderosa si puede ocultar algo al que todo lo ve –intervino Vídar.

–Ni siquiera a Heimdall –intervino Thor–, cuyos oídos escuchan el aleteo de una mariposa al otro lado del Universo, ha podido delatar la presencia de esos navíos desconocidos.

–Es cierto, ni siquiera él –concluyó Odín mientras miraba hacia la tormenta que se aproximaba como un ser vivo.

El horizonte se estremecía con las sombras de la noche, que llegaban deslizándose por el valle, oscureciendo con rapidez el atardecer que parecía querer huir del lugar.

En aquel valle tendría lugar el fin del mundo. Al otro lado, el ejército más inmenso que habían conocido los eones, se agitaba furioso e impaciente. Era un monstruo de forma indefinida, grotesca, espantosa, que no detenía su implacable avance.

Entre la formación de los Ases, los guerreros encendían hogueras por todos lados, algunas para calentarles, otras para preparar aceites hirviendo y bolas a las que cargarían en catapultas y lanzarían como cometas ardientes al cabo de unas horas que a muchos se les antojarían demasiado cortas.

El enemigo avanzaría hasta ellos con las primeras luces del alba, entonces hasta el sol lloraría sangre.

* * *

Pasaron tensas horas hasta que, al fin, despuntó el nuevo amanecer. Odín, situado en un saliente del valle, por encima de las cabezas de sus guerreros, desde donde podía contemplar una gran extensión. No había descansado durante la noche, tampoco los Ases que habían estado yendo y viniendo entre las filas de los asgardianos, dando ánimos y consejos, cuando no jugando a los dados o bebiendo hidromiel con los que no podían conciliar el sueño.

Se escuchó el sonido de un cuerno que llamaba a la formación, pues la batalla era inminente. Ante ellos se desplegaba un amanecer tenue, en el que el sol se escondía tras oscuras nubes cargadas de funestos presagios, que hubieran hecho palidecer y temblar de miedo al más curtido de los profetas. El valle era semejante a una ajada cicatriz en la tierra herida.

La tierra se estremecía del dolor y de miedo.

La noche había dejado paso a una claridad espectral, que desvelaba los cadáveres desperdigados de algunos guerreros que habían muerto en su aventura de exploración. En algunos lugares los muertos se amontonaban en pequeños túmulos de carne, hueso y armaduras, esperando ser devorados por los buitres, que no tardarían en acudir al festín de la guerra. No eran pocos los trols y enanos que yacían desmembrados sobre el fango, envueltos en una neblina que recorría, como un espectro, el campo de batalla. Los guerreros de Asgard habían vendido muy cara su vida, como no podía ser de otra manera.

De nuevo sonó un cuerno, fue una nota larga y profunda, como surgida de las entrañas de la tierra. Entonces el valle comenzó a temblar. Las huestes de Muspell se habían puesto en movimiento y ya casi estaban al alcance de un tiro de arco.

Odín ajustó su yelmo de oro, afianzó la coraza y agarró con fuerza la lanza a la que llaman Gungnir. Golpeó levemente a su montura Sleipnir y comenzó a avanzar hacia el combate. A su lado, el As Tyr, *el bosco*, se movió con sus hombres dirigiéndose a la ladera izquierda del valle. Vídar hizo lo propio hacia la derecha, y Thor, poco a poco, superó a su padre en la posición y pasó a encabezar a los guerreros.

–¡No pidáis cuartel y tampoco lo deis! –exclamó el dios del trueno e inició una carga frontal. Mientras cabalgaba tan rápido como su caballo le permitía, agitó el martillo mágico sobre su cabeza de cabellos rojos, exclamando juramentos que habrían hecho palidecer a curtidos guerreros y enrojecer de vergüenza a las mujeres más osadas del reino sagrado.

El primer choque produjo un sonido semejante al de un gran terremoto. El hijo de Odín movía sin descanso el martillo de un lado a otro, rompiendo con sus golpes por igual cabezas, armaduras y espadas. Thor Odinson luchaba como un ciclón imparable. Los trols eran muñecos ante su furia. Alrededor de ellos se alzó una nube mezcla de tierra y sangre que oscureció la contienda.

El señor de las tormentas se encontró frente a un joven gigante del hielo, que no tendría posibilidad de ver ningún nuevo amanecer. El dios lanzó su martillo contra el pecho del gigante con tanta fuerza, que sus huesos se quebraron con estrépito y el corazón quedó atravesado por las astillas producidas debido al salvaje golpe. El gigante cayó a tierra como un árbol segado. Cada golpe que Thor propinaba era acompañado de risas y bravuconadas por su parte; tal era la confianza del dios del trueno y tal era su poder.

Entre la confusión de la lucha, Thor pudo ver a su medio hermano Loki a la sombra del gran lobo Fenrir. El furioso animal mataba a tantos guerreros de Asgard como le salían al paso. Thor intentó acercarse para enfrentarse con él, pero una sombra sinuosa e inmensa se interpuso en su camino. Era la serpiente Midgard, la más mortal de las criaturas de los Nueve Mundos. Thor Odinson sabía que había llegado al final del hilo tejido para él por las Nornas. Allí se encontraba su destino.

En otro lugar de la batalla, el lobo Fenrir saltó por encima de trols y gigantes, ensombreciendo el cielo y ocultando tras su silueta al naciente sol y la luna dormida. Sus fauces rugieron desgarrando el viento con su potente sonido. Nadie recordará haber escuchado nada más terrible.

Vídar se enfrentó a él.

El guerrero más fuerte entre los Ases llevaba una coraza plateada y un casco alado que ocultaba unos cabellos dorados como la cabellera de Sif, anudados en más de una docena de trenzas; al igual que su barba, también adornada con pequeñas trenzas en cuya parte final tenían sujetas unas pequeñas piedras grabadas con diversas runas. En sus ojos grises como la niebla, destellaban los rayos del sol, ebrios de lucha y muerte, ajenos al miedo y a la compasión. Su espada señaló al corazón del lobo Fenrir. Un instante después saltaba hacia él jurando por Odín y por Asgard. El espantoso animal abrió sus fauces, brotó la negra espuma Vón y esperó la embestida de Vídar.

Fenrir golpeó con su cabeza el cuerpo del Aesir, lanzándolo hacia un lado. Vídar cayó sobre los restos inertes de un grupo de trols muertos que amortiguaron el golpe. Se incorporó de un salto segundos antes de que el lobo consiguiera atraparlo entre sus dientes. El monstruo chasqueó el aire como una pinza mortal. Por momentos giró su cabeza de un lado a otro, parecía olisquear con su hocico buscando al enemigo que, de repente, había desaparecido de su vista.

–¡Aquí estoy, maldito! –le gritó Vídar desde el relativo cobijo de las extremidades del lobo donde se había protegido.

El As, desde abajo, levantó la espada con destreza buscando algún punto débil en su contrincante. Vídar clavó su espada en el cuello del lobo Fenrir, que se agitó con el arma aferrada a su carne. Se levantó apoyándose en sus patas traseras y después se desplomó en el suelo aún con vida. El As se situó sobre él y le colocó un pie en la mandíbula inferior, al mismo tiempo que con las manos sujetaba la superior. Él era uno de los Ases más poderosos. Aplicó toda la fuerza de la que era capaz y destrozó la boca del animal. La vida del lobo Fenrir al fin se esfumó, sin un suspiro, en silencio.

Odín se unió a Thor en su enfrentamiento contra la serpiente Midgard, que se agitaba entre los guerreros inmune a las flechas y a los aguijonazos de las lanzas. La mítica criatura se alzaba sobre sus anillos y su cabeza parecía rozar el cielo. Los brazos de Thor estaban cubiertos de múltiples heridas, pero su ímpetu no sufría ninguna merma. Entonces escucharon el sonido de alarma que lanzó Heimdall desde su atalaya.

El centinela eterno soplaba con toda su fuerza el Gjallarhom y eso sólo significaba una cosa: que la Ciudad Eterna estaba siendo atacada desde la retaguardia. Los Ases habían trazado un burdo plan, tan simple como atacar por los flancos al enemigo, convencidos de que las criaturas de Muspell esperaban el ataque directo. Pero el enemigo en esta ocasión había ido más allá. Conocedor del inmenso número de sus huestes, había decidido atacar por sorpresa donde el golpe podía ser más cruel, más definitivo, y ese lugar no era otro que la misma Asgard, la Ciudad Eterna donde los habitantes que quedaban eran, mayoritariamente mujeres, ancianos y niños, y estaban desprotegidos.

–Tienes que abandonar la lucha y volver a Asgard. Están desvalidos –le ordenó Odín a su hijo.

–Ya veo a Vídar que se dirige hacia la ciudad –argumentó Thor–. Mi misión ahora es luchar y mi enfrentamiento es contra esta serpiente monstruosa. El hilo de mi vida termina aquí, no puedo abandonar esta pelea.

–Habrá otras si escuchas mis palabras. Busca a Vídar y dile que regrese al campo de batalla y tú quédate y protege a los indefensos. ¡Obedece, hijo del trueno!

Odín parecía encendido de fuego y furia. Nadie podía desobedecerle en esos momentos. Su voluntad era la ley más sagrada.

–Sólo yo puedo acabar con la serpiente Midgard –añadió Odín–. La fuera de tu brazo es necesaria tras los muros de Asgard. Las mujeres y niños necesitan el poder inmenso de Möjllnir. Debes defenderles del enemigo, acabar con los invasores hundiendo tu martillo en sus cráneos, aniquilarlos hasta que se arrepientan de su vil ataque. Al final del día aún cantaremos nuestras hazañas alrededor del fuego bebiendo hidromiel.

–¿Cómo pueden haber llegado hasta la ciudad? –preguntó el hijo de Odín–. ¿Cómo han esquivado nuestras defensas?

–Naglfari –respondió Odín mientras enarbolaba de nuevo su lanza Gungnir hacia la serpiente–. El navío de la muerte se ha aproximado oculto entre las tormentas que asolan este día, a sobrevolado el campo de batalla por encima de nuestras cabezas y no nos hemos dado cuenta de ello. No pierdas más tiempo, debes confiar en mí. El precio de mi ojo entregado a Mimir debe justificarse algún día y esa hora ha llegado. Aún tuerto veo más allá que cualquier criatura, hombre, demonio o dios.

Thor se alejó a regañadientes. Sabía que la voluntad del padre de todos no podía ser cuestionada, y su propia experiencia le desaconsejaba hacerlo. Partió, montado sobre Gulltopp, empuñando Möjllnir, su martillo ensangrentado, hacia la ciudad de los salones de Gladsheim.

En otro lugar, Tyr estaba rodeado por una legión de trols y varios gigantes de la tormenta, pero su fuerza y velocidad conseguía mantenerlos a raya y, uno a uno, caían ante el filo de su espada. Tyr era el más fiero de los guerreros de Asgard. Todos los Aesir se rendían ante su fuerza y sus habilidades para la guerra y la lucha. Era el dios al que veneraban y oraban los hombres antes de entrar en combate y su fama estaba justificada. No era un dios cruel, pero aún así no mostraba piedad alguna, como si fuera una fuerza de la naturaleza, más allá del bien o del mal, sin amor y sin cólera, sin odio hacia sus enemigos; y eso le hacía más terrible. El hacha, que sujetaba con su única mano, bebía la sangre sin conseguir saciar su sed. Después remataba con golpes rápidos y certeros a los heridos que caían a sus pies. Tyr no llevaba armadura, ni escudo, ni casco. El hecho de no llevar protección, aún asustaba y causaba mayor respeto a sus enemigos, que entendían su actitud como una muestra de valor y confianza ante cualquier pelea. Para él, docenas de trols y gigantes de la escarcha sólo eran un mero entretenimiento. Antes de que se diera cuenta ya estaba rodeado de multitud de cadáveres inertes. Sus pies se hundían en un mar de sangre y cuerpos desmembrados. Estaba erguido con los ojos cerrados y la cabeza alzada para recibir la lluvia que empezaba a caer y a limpiar los restos en su piel de sudor y sangre, cuando sintió una presencia a su espalda.

Era la imagen de la guerra y de la muerte que, como una sombra oscureciendo al sol, se cernía sobre él. Imbuido en el ardor de la batalla y confundido por el enorme estruendo de los dioses, hombres, trols, enanos y gigantes, combatiendo entre ellos, se percató de una enorme presencia que le se acercaba por detrás. Cuando notó el profundo y denso aliento, supo que algo o alguien estaba muy cerca. Entonces escuchó el gruñido, al principio un rumor que luego fue aumentando de intensidad, para después convertirse en un rugido ensordecedor. Pero, ante la espantosa visión que a cualquiera le habría helado el corazón, Tyr se giró despacio con una sonrisa dibujada en su rostro enjuto, surcado de las cicatrices de mil batallas. Lo primero que vio fueron los colmillos y la espuma deslizándose por ellos como veneno. Después contempló el hocico oscuro y los ojos llameantes de odio del terrible perro. Garm estaba enfrente, a unos diez palmos de él. La boca abierta exhalando el aliento liberado de milenios de muerte.

–¡Vamos, hijo del infierno! –le amenazó con un susurro pronunciado entre dientes–, o mueres tú en este día o lo hago yo.

Alrededor de la bestia y el guerrero el tiempo se detuvo. Los ojos penetrantes de Tyr miraban a los del perro de Hel; ambos esperaban instintivamente el primer signo de debilidad que mostrase el adversario, para atacar y dar el golpe definitivo.

Sucedió con la velocidad del relámpago. Fueron dos figuras borrosas moviéndose como una exhalación, casi tan rápidas que escapaban a la vista humana. Tyr levantó el hacha, al mismo tiempo que Garm; con su tremenda boca abierta engullía al asgardiano prácticamente hasta la cintura. El arma se clavó en el paladar de la bestia del infierno, rompió el hueso y llegó hasta el cerebro. La sangre se deslizó junto con la saliva por el filo del arma de Tyr, cubriendo de líquidos los brazos y las manos del As. El perro en su agonía cerró sus mandíbulas en un último estertor de muerte. Los dientes y los colmillos trazaron heridas mortales en el cuerpo de Tyr que, a pesar de ello, consiguió zafarse de la presa del animal. Cayó de rodillas viendo su sangre manar como lo hizo la de Ymir, la que dio vida al mundo y a los hombres cuando sólo existía el abismo primigenio.

Tyr apoyó el hacha de doble filo sobre la tierra, al lado del cuerpo sin vida de Garm, y bajó despacio la cabeza; sus cabellos negros le cubrieron el rostro. Cerró los ojos para emprender su viaje sin retorno al más allá, al Valhalla. Allí le estaría esperando el noble Baldur, junto con centenares de valientes guerreros, para beber hidromiel, yacer con hermosas mujeres y narrar, una y otra vez, las mil aventuras vividas juntos.

En otro lugar del llano de Vigríd, la serpiente Midgard había rodeado al padre de todos, Odín, *el tuerto* y lo levantaba aproximándolo hacia sus colmillos, que rezumaban un veneno mortal. Odín no cejaba en su ataque y golpeaba como un matarife desgarrando grandes pedazos del cuerpo de la bestia.

Odín sonrió bajo su hirsuta barba blanca. No en vano era conocido, no sólo como el padre de todos los dioses, sino como el más sabio entre ellos. De alguna forma era conocedor de que este Ragnarök iba a ser diferente. Lo vio cuando las aguas del pozo de Mímir recorrieron su garganta y abrieron su mente a conocimientos vedados hasta a los mismos dioses. Por la sabiduría que adquirió hubiera dado con gusto sus dos ojos.

El día mostraba un futuro aciago, pero la derrota en una batalla e, incluso a veces en una guerra, no era sino la antesala de una victoria definitiva. Por eso reía mientras luchaba contra la serpiente, por eso era Odín, *el sabio*.

La serpiente atrajo a Odín hacia sus colmillos ponzoñosos y derramó el veneno sobre su cuerpo. El guerrero divino levantó los brazos y lanzó con todas sus fuerzas, tal vez con su último aliento, la lanza Gungnir contra la bestia. El arma voló como una centella y hendió su punta en la cabeza del ofidio gigante.

La serpiente Midgard se arqueó como las olas y se derrumbó en el suelo. De sus colmillos brotó, como un río, el espantoso veneno que había matado al más grande de los dioses. Se extendió sobre la superficie del valle de Vigríd y su ponzoña lo cubrió todo, las aguas del río, las plantas y los árboles, las piedras y los animales ocultos en sus madrigueras.

El cuerpo de Odín quedó cubierto por el veneno de la serpiente, mientras a su alrededor el universo temblaba y se desmoronaba, provocando que las mismas raíces de Yggdrasil fueron profanadas con la maldad exhalada por la serpiente.

Vídar había regresado a tiempo para contemplar la muerte de los dioses. El llano estaba cubierto de cadáveres de trols, de enanos, de gigantes, de hombres, y de muchos de los Aesir. Pero Vídar no pudo evitar las lágrimas cuando contempló con sus propios ojos el cuerpo sin vida del dios de todos los dioses, cubierto por el veneno de la serpiente Midgard. Supo entonces que el fin había llegado, que el Ragnarök extendía definitivamente sus alas de mortandad sobre los Nueve Mundos.

Pero la lucha para Vídar no había acabado. El gigante de la escarcha más peligroso, el devora almas, el aplasta clanes, el portador de la devastación, estaba allí. Hrym le retaba a muerte.

El gigante tenía el doble de altura que Vídar. Llevaba un hacha en cada mano y la sangre le cubría su piel azulada desde el extremo de ambas hachas hasta casi los hombros. Llevaba una coraza que le protegía el pecho, hombreras metálicas y unas botas de hierro tachonadas con afilados clavos. Se decía que sus protecciones eran del mismo metal que el martillo de Thor, el *uru*, pero no poseían la magia de Odín. Se adornaba con collares confeccionados con cráneos de sus víctimas y se había hecho un cinturón con las manos segadas de sus enemigos. Había afilado sus dientes tanto en la mandíbula inferior como la superior. En su frente estaban grabados extraños tatuajes, símbolos que ya eran viejos cuando se crearon las runas. Sus ojos brillaban como la luna llena, y los cabellos, lisos y adornados también con pequeñas trenzas, le caían hasta los hombros.

Hrym era el más mortífero de los gigantes del hielo y también lo era de toda la estirpe de Muspell.

–Vaya, vaya –dijo con burla y desprecio–, todavía quedan algunos dioses por decapitar. Tengo los brazos doloridos de tanto sesgar y desgarrar. ¿Es que no vais a rendiros nunca?

–¡Maldito perro, hijo de un cerdo! –le respondió–. Te voy a enviar al infierno del que nunca debiste salir.

–Tal vez, pero te advierto que antes que tú ya lo han intentado otros. ¿Te dicen algo los nombres Njörd, Bragi e Idun, recuerdas a Váli y a Forseti? Yo, que tengo mala memoria, me resulta imposible acordarme de todos los que han probado mi acero en este hermoso día.

Vídar se lanzó hacia el gigante cegado por la ira. Había descendido de su montura y, sujetando con las dos manos la espada, corrió hacia Hrym, que le aguardaba sonriente balanceando de un lado a otro sus dos hachas.

El As saltó sobre el gigante, jurando por Asgard y por Odín, pero éste describió un arco con el hacha que sujetaba en la mano derecha y cercenó el brazo izquierdo de Vídar.

–Tendré que añadir uno más en la lista de los que he abatido en esta jornada –dijo Hrym situándose sobre el asgardiano caído a sus pies.

Vídar parecía derrotado y abatido, pero todavía conservaba la fuerza que le había hecho tan poderoso como el mismo Thor, el valor que sólo pueden poseer los Ases. Hrym descargó con furia una de sus hachas, que se clavó en la tierra, pues el guerrero había logrado zafarse del golpe girando hacia un lado. El gigante utilizó las dos manos para liberar el hacha que se había quedado incrustada en la roca y en ese momento el As Vídar aprovechó para clavar su espada en el costado de Hrym. El arma penetró por debajo de las costillas buscando el corazón del gigante, si es que lo tenía. Éste sintió el toque helado de la muerte, el mismo que tantas veces había procurado a sus enemigos; finalmente, le llegaba a él. Antes de morir sujetó con su mano derecha el cuello de Vídar y con la izquierda golpeó al As en la cabeza. El hacha rompió el casco alado y el hueso. Vídar y el gigante de la escarcha Hrym murieron en el mismo instante, pero sus almas fueron a lugares diferentes, por caminos distintos.

En el campo de batalla, en el llano de Vigríd, cada vez quedaban menos combatientes. El Ragnarök había llegado.

En las murallas destrozadas de Asgard, Thor, el hijo de Odín, ajeno a la tragedia que se estaba desarrollando en el campo de batalla, se encargaba de aniquilar a cuantos enemigos se cruzaban en su camino.

Cuando Thor llegó hasta la ciudad asediada, lo primero que vio fue a Heimdall luchando como un dios enloquecido, mientras protegía a los inocentes que intentaban escapar de la matanza.

–¡Heimdall! ¡Heimdall! –le gritó el dios del trueno–. Veo que necesitas un brazo que te ayude.

–Ha pasado bastante tiempo desde que Gjallarhorm resonó en el viento, ya no es necesaria vuestra ayuda –le respondió con sorna mientras que con un tajo de su espada cercenó las cabezas de tres trols–. He visto ancianas más veloces que algunos de los llamados Ases.

–Vídar se adelantó, ¿dónde se encuentra ahora?

–Consiguió decapitar a tantos gigantes como dedos tengo en ambas manos. Muchos hombres, mujeres y niños se han salvado hoy gracias a su valor. Sin embargo, le dije que volviera a la batalla en el llano. Mis sentidos me advierten que ocurren cosas terribles. Recuerda que puedo escuchar el sonido de un beso en Midgard y las pisadas de un gato sobre el Camino Oscilante.

–Entonces debes ir también al llano de Vígrid, allí te espera el traidor Loki –le dijo Thor–. El dios de las mentiras ansía probar el sabor de tu espada. Así está escrito. Yo puedo apañármelas solo contra estas bestezuelas. Cuando acabe con ellos me reuniré con vosotros. Estoy seguro que sin mí no podríais asustar ni a unos enanos ciegos y cojos. Pero el padre de todos me ha ordenado, para mi disgusto, que defienda la ciudad y que Möjllnir destroce tantas cabezas como sea capaz y, te lo aseguro, serán muchas.

–Te dejo que disfrutes abriendo cráneos. No muestres flaqueza ni des un perdón que no merecen.

–Márchate ya, buen Heimdall. Estás hablado con el dios del trueno. Nada puede contener mi furia. Nadie obtendrá misericordia. Llévate a mi fiel Gulltopp, te llevará tan rápido como una centella del firmamento. Yo ahora no lo voy a necesitar. Cuando haya acabado mi labor hallaré la forma de ir lo más rápido posible para poner, de nuevo, mi martillo a vuestro servicio.

–Que la fuerza de Odín te acompañe, hermano. Aunque sé que así es.

Heimdall montó a Gulltopp y sopló de nuevo a Gjallarhorm. Fue un sonido profundo, una nota que llegó a todos los oídos de la gente de Asgard, de los Ases y Asinas, llenando sus corazones de esperanza. También fue escuchada por los hijos de la estirpe de Muspell, pero a ellos les produjo una sensación muy diferente, sufrieron un estremecimiento y les llenó el alma de un inmenso temor.

Thor estaba solo, pero tanto Vídar como antes Heimdall, habían minado las fuerzas invasoras. Quedaban algunos grupos de enanos y trols, pero no se veían ningún peligroso gigante de la escarcha. A su alrededor todo era destrucción. Las murallas estaban rotas, parecían dentaduras melladas. El fuego recorría hambriento las calles y los palacios; pocas casas se había librado del pillaje y la desolación. En algunos lugares se escuchaban los lamentos de niños abandonados y, ahora casi con toda seguridad, huérfanos. Por otros lados se veían mujeres buscando desesperadas a sus familiares, a sus padres, a sus hijos. Thor estaba apenado, nunca había visto y sufrido las consecuencias de la guerra tan cerca de su ciudad y de su gente. Normalmente las terribles consecuencias las vivían los enemigos de la Ciudad Eterna.

El dios del trueno se disponía a mandar al abismo de Hel a los enanos y trols que quedaban, cuando algo llamó poderosamente su atención. Era un rumor que procedía de lo alto, del cielo.

Thor comprendió que Odín tenía razón, como siempre. El padre de todos los dioses había adivinado la manera en que la estirpe de Muspell había conseguido atacar la Ciudad Eterna. Ocultos entre los nubes bajas y agitadas de la tormenta, empezaban a surgir los navíos portadores de las Legiones Negras. Venían para cubrir de sombras y lamentos el cielo y teñir de sangre la tierra.

De las cubiertas de las naves empezó a descender el ejército de muertos animados. Eran una imagen espectral que atemorizaría el alma de cualquiera que la contemplara. Algunos eran esqueletos sin carne en sus huesos, otros aún conservaban restos de putrefactos músculos. Unos tenían ojos, otros no. Eran centenares, tal vez miles, pero Thor Odinson no se amilanó. Había luchado contra demonios y gigantes, no tenia miedo a nada ni a nadie.

Levantó a Möjllnir, amenazando al enemigo que se le aproximaba. Las Legiones Negras estaban dando cuenta de todo ser vivo que se interponía en su camino. Algunos buscaban a las mujeres y niños que huían o se escondían y, sin piedad alguna, los pasaban por el filo de sus espadas y armas.

–Odín se me lleve –maldijo Thor para sus adentros–, por eso el padre de todos quería que protegiese la Ciudad Sagrada. ¿Quién sino el dios del trueno podría hacerlo ante semejante enemigo?

Thor gritó al cielo y convocó al relámpago, su siervo, y le ordenó herir a las Legiones Negras; pero aquellos seres eran diferentes a todos los que había enfrentado en el pasado. Los rayos caían sobre ellos desperdigando los trozos de sus cuerpos, sin embargo, la mayoría continuaban avanzando, aunque les faltasen algunos miembros o la cabeza. Los cadáveres andantes se aproximaron al dios del trueno, que se vio completamente rodeado.

Thor se movía como un huracán, agitando su martillo de un lado a otro, rompiendo huesos, escudos, espadas, lanzas y hachas a cada embate. Sin embargo, también era herido a su vez, pues el ejército de las Legiones Negras estaba formado por criaturas más poderosas que los enanos o los trols, casi lo eran tanto como los gigantes de la escarcha, incluso eran más resistentes. El hijo de Odín fue herido en los brazos y las piernas, múltiples cortes y golpes, que estaban aturdiendo sus sentidos y debilitando su ímpetu arrollador. Pero Thor Odinson era el más fuerte de los Ases. Nunca había sido vencido y no lo iba a ser en la batalla final. Cegado por su propia sangre se revolvió y enfrentó a sus atacantes. Sus golpes a derecha e izquierda eran cada vez más vertiginosos y, después de unos minutos, había abierto un claro a su alrededor. Los guerreros de las Legiones Negras retrocedieron unos pasos envueltos en la polvareda que había levantado la furia de Thor. El hijo de Odín creyó que los había asustado y que se alejaban a causa de la muestra de su poder. Pero no era así. Estaban dejando paso a aquel que los gobernaba a todos.

Thor se apartó el cabello y la sangre de los ojos para ver mejor a quien se iba a enfrentar. Entre las brumas de la batalla y su visión nublada por la sangre, distinguió una silueta oscura. Era un guerrero, tan alto como él, enfundado en una armadura de metal negro como la pez. Llevaba dos lanzas también oscuras y un casco sin ornamentaciones ni símbolos, tras el que se podían contemplar, ocultos en las sombras, dos ojos brillantes. El dios del trueno sujetó su martillo con las dos manos y se dirigió hacia su encuentro. El enemigo había clavado sus lanzas en la tierra y le esperaba sin armas. Le retaba a un combate singular en el que se pudieran medir sus fuerzas, dejando de lado las poderosas armas que llevaban con ellos.

–Mi destino en este día es enfrentarme a la serpiente Midgard –dijo Thor–. Eso debería llenarte de temor, pues quiere decir que mi lucha contigo acabará a mi favor. No puede ser de otra manera.

–El destino sólo está escrito en la mente de los débiles –le respondió con una voz profunda que parecía surgida de los pozos de Geirröd, pero que, de alguna manera, a Thor, le resultaba vagamente familiar–. Los fuertes somos los que dirigimos nuestra vida y rompemos con facilidad los hilos que tejen las doncellas del devenir. Somos dueños de nuestro destino y lo moldeamos a nuestro antojo. Yo podría violar el cuerpo de Urd, profanar las entrañas de Verdandi y beberme la sangre de Skuld, ¿qué puedo temer entonces de las tejedoras? Dímelo tú, retoño de Odín.

–Incluso si yo fuera derrotado tendrías que enfrentarte al padre de todos los dioses. Odín *el tuerto* te enviará al infierno del que provienes. Allí te pudrirás por toda la eternidad.

–Necio –le respondió con desprecio–, tu padre, el dios de los cuervos, el hijo de Borr, ya está muerto.

Thor se enfureció al escuchar tan mezquinas palabras. La cólera del guerrero infló sus venas y sus músculos, su rostro se desfiguró dejándose dominar por la ira y la rabia que atenazaban su corazón. Pocos han visto durante el transcurso de milenios a Thor Odinson en ese estado de locura, pero menos son los que han sobrevivido para contarlo.

Enarboló a Möjllnir para golpear al guerrero oscuro, pero éste, sin visible esfuerzo, detuvo el golpe con su mano izquierda. La fuerza y el poder del martillo chocaron contra un muro imbatible que lo paró como si se tratase de una frágil rama, sin peso ni dureza ni poder alguno. Acto seguido golpeó a Thor con el puño derecho. Fue un golpe como el hijo de Odín jamás había sentido, un golpe atronador que le hizo girar la cabeza. Su casco voló lejos, dejando sus cabellos libres para agitarse como azotados por el viento de una tormenta, y varios dientes saltaron de su boca. El dios del trueno, flagelado por las heridas y los múltiples golpes recibidos por las Legiones Negras, dobló sus rodillas ante la fuerza del golpe.

El guerrero oscuro se situó frente al dios del trueno, y le cogió de los cabellos para levantarle la cabeza. De nuevo le volvió a golpear con una fuerza indescriptible. Thor cayó y el adversario se quedó con una mata de sus rojos cabellos en la mano. En el suelo le propinó otro golpe, que hundió la cabeza del hijo de Odín en la tierra. Luego otro y otro; después uno más, y otro. El rostro de su victima se estaba convirtiendo en un amasijo sanguinolento que apenas recordaba a un hombre. Thor estaba inconsciente, tal vez muerto y ya emprendiendo el camino hacia el Valhalla. Pero el guerrero de la armadura de ébano continuaba incansable estrellando sus puños contra él. Nadie en los Nueve Mundos podría resistir tal castigo, ni siquiera Thor, el más fuerte de los Ases, el más poderoso de los hijos de Odín.

Áshator llevaba un rato inerte, su cuerpo no se movía, sus pulmones no procesaban el aire de la vida, su corazón había dejado de latir. Entonces el guerrero se apartó de su víctima y vio la sangre del dios manchando sus guantes de metal y salpicando la armadura negra que llevaba. En el interior del casco sus ojos resplandecían de pura satisfacción. Thor yacía al fin a sus pies.

Cogió el martillo mágico Möjllnir y lo levantó sin apenas esfuerzo. El hechizo que Odín imbuyó en el arma le otorgó su propio poder divino y, al mismo tiempo, ordenó que nadie pudiera levantarlo de la tierra, nadie lo blandiera en la batalla, excepto su dueño, Ásathor. Sin embargo, a pesar de la voluntad de Odín, el guerrero oscuro lo asía como si fuera una pluma.

Con absoluta indiferencia se lo mostró a Gebal, que se había aproximado a su lado para disfrutar con la derrota total de Thor Odinson y por ello también de la aniquilación de Asgard y todo lo que la Ciudad Sagrada representaba. Y al momento lo arrojó a un lado con desprecio, como si se tratara de un arma rota, un objeto inservible.

–La magia de Odín no es nada comparada a mi poder –le dijo al comandante de las Legiones Negras, el execrable Gebal–. Ahora comienza el fin.

Llegaba la devastación. Los guerreros espectrales de las Legiones Negras alcanzaron la atalaya roja de Hlidskjálf, donde Heimdall y, en ocasiones, Odín, vigilaban los acontecimientos de los Nueve Mundos. Con grandes arietes golpearon la base hasta que empezó a agrietarse como sacudida por un terremoto y, al poco, la antaño resplandeciente torre de oro rojo, se convirtió en un montón de escombros. Después buscaron los demás lugares sagrados. Así derrumbaron las paredes de plata pura del palacio conocido entre los dioses como Valaskjálf. El guerrero de la armadura oscura ordenó a su comandante Gebal, *el inmisericorde*, que buscase un lugar magnífico llamado Álfheim, donde moran los elfos luminosos, cuya figura es más bella que el Sol, y que vertieran en los salones su sangre hasta que no quedase uno solo. Y que violasen a las sacerdotisas del santuario conocido como Víngólf. Pero antes tenían que realizar una primera misión.

Señaló con su mano enguantada el Bigfröst, el Puente del Arco Iris que une Asgard con el reino de los hombres.

Sus ojos se iluminaron con satisfacción al ver como sus guerreros muertos, sus Legiones Negras, capitaneadas por Gebal, comenzaban a quebrar el puente Bigfröst. Miles de espadas, hachas y lanzas golpearon, una y otra vez, su luminosa superficie. Cuando se rompió en millares de pedazos se produjo un lamento en todo el universo, las ramas de Yggdrasil se marchitaron, sus hojas se desprendieron agitadas por la llegada de un otoño repentino, sus raíces temblaron y hasta el gusano Nídhögg, que las roe eternamente, se estremeció.

El puente del arco iris oscureció sus colores desgranándose en una lluvia de carbón, imitando el color de la armadura del guerrero. Como si el mismo cielo hubiera sido desgarrado, millares de pequeñas partículas flotaron por el aire y se esparcieron por los Nueve Mundos, cayendo con tristeza encima de las cabezas de todos los seres vivientes, que contemplaban asombrados el terrible suceso que apenas entendían, pero que de alguna forma les llenaba el alma de una sensación de desesperanza y miedo.

* * *

El anciano Thor, gracias al poder de Járnvidur y las visiones en el espejo, había observado, vivido y sufrido los acontecimientos del día en que sobrevino el Ragnarök. Volvían en cascada todos los recuerdos y, finalmente, tomó conciencia de que en verdad era Thor, el hijo de Odín. Cada imagen del pasado fue ocupando su lugar en la memoria del dios, completando el rompecabezas en que se había convertido su mente durante mucho tiempo.

La magia de Járnvidur, *la hechicera*, había funcionado.

Pero Thor, antes de que finalizase la visión del espejo, aún pudo observar de cerca al terrible guerrero que acababa con los dioses y los hombres. La armadura estaba desprovista de símbolos y ornamentaciones; era ligeramente rugosa, casi sin brillo, tosca, pero emanaba un indescriptible poder. El guerrero enarboló las dos lanzas repletas de la sangre de los héroes y los habitantes de Asgard, y las alzó hacia la tormenta donde, de nuevo, comenzaban a navegar entre el viento, los navíos de las Legiones Negras. Thor pudo contemplar sus ojos ocultos tras el yelmo. Eran dos soles que emitían una luminosidad entre azulada y metálica, que de alguna manera recordaba a la superficie de un espejo en el que se reflejara un cielo tormentoso. Esa mirada de muerte se cruzó con la suya y sus almas entraron en contacto a través del tiempo. Thor se sintió repelido por una fuerza inmensa que le arrastraba al vacío sin poder evitarlo. De nuevo se vio rodeado de tinieblas, primero oscuras como un abismo y después rojas como un mar de sangre. Cuando retornó su consciencia, se encontró de nuevo en la cabaña y la hechicera le miraba sonriendo con maldad.

LLEGAN LAS LEGIONES NEGRAS Y CON ELLAS TAMBIÉN LO HACE EL CAOS

Los dioses de los muertos volvieron de caza,
ansiosos de festín hasta saciarse;
lanzaron las ramas del sacrificio, vieron la sangre,
y en la de Aegir hallaron muchos calderos.

Snorri Sturluson, *Hymiskvida*

El dios del trueno se separó del espejo, mientras el reflejo del pasado se perdía entre las sombras del presente. Thor recobró la conciencia. Aún estaba un poco desconcertado intentando asimilar todo lo que le había sido revelado.

–¿Y bien, hijo de Odín? –le preguntó la hechicera Járnvidur–. ¿Ha sido un viaje placentero?

–Lo que ha sido es una pesadilla, pero me ha permitido recordar lo que había olvidado –le respondió Thor–. He recuperado la mayor parte de mi memoria perdida. De nuevo el primero entre los Ases camina sobre la tierra. Pero el precio ha sido muy alto.

–¿Tu ojo? –le preguntó Járnvidur con un tono de incredulidad–. Es un pago bastante pobre para el regalo otorgado. Tu pasado, tus recuerdos, tu vida y tu conciencia ¿Qué más puedes pedir dios del trueno?

–No me refiero a mi ojo. Daría con gusto el otro que me queda por lo que se me ha concedido. Han sido las terribles imágenes que he contemplado las que han elevado el precio hasta un límite difícil de soportar. No es agradable revivir la muerte de los hermanos, de los amigos, de los habitantes de mi reino, de mi propio padre. No es sencillo ver el fin del mundo. Demasiada crueldad y demasiado dolor. ¿Cómo pudo ocurrir tal devastación? ¿En qué nos equivocamos tanto? ¿Por qué dejamos que pasará?

–Cuéntanos, Thor –intervino Arokin, libre del hechizo que le había enmudecido–, pensé que nunca volverías en ti y que tu mente había abandonado definitivamente el cuerpo dejándolo como un caparazón sin vida.

–He visto el Ragnarök y los momentos trágicos que antes en parte, tú mismo, me narraste. El sonido de los muros de Asgard destruyéndose se aferró a mis oídos, los gritos y lamentos de las victimas inocentes lo hicieron a mi alma. Ha sido muy duro, pero también ha merecido la pena; al fin he vuelto a recordar mi vida pasada.

–Entonces ha llegado la hora de que, después de mostrar nuestro agradecimiento a esta mujer, continuemos lo antes posible con nuestro viaje –intervino Arokin–. Cuando antes nos marchemos, mejor. Seguro que nuestra presencia está resultando molesta.

–¿Por qué tanta prisa? –preguntó Járnvidur– Al menos tenéis que pasar esta noche en mi hogar. Será mejor que emprendáis el camino con la luz del nuevo día. Aquí podréis descansar y reconfortaros con el calor del fuego. Además, seguro que puedo prestaros más ayuda. ¿No es así, hijo de Odín?

Thor estaba cabizbajo. Todavía parecía ensimismado y una parte de él continuaba atrapada en el espejo de sangre.

–Es cierto –le respondió–. Todavía necesito saber más. Me he visto a mí mismo enfrentándome a un guerrero tan oscuro como misterioso. Las profecías no hablaban de él, sin embargo, poseía un poder inmenso y me venció con facilidad. Con sus golpes provocó la pérdida de mi memoria y casi me mata. Me destrozó los huesos del rostro y muchos de mi cuerpo. Me dio por muerto y me dejó tirado como un despojo. Incluso, pude ver lo imposible: para mi asombro e incredulidad contemplé cómo levantaba sin esfuerzo mi martillo mágico Mjöllnir, desafiando el poder y la voluntad de mi padre Odín. Dime, Járnvidur, ¿qué sabes de ese guerrero?

–Yo lo sé todo, hijo de Odín. Soy una maga que ha recorrido los caminos de los Nueve Mundos antes de que tu nacieras. No hay nada en el Universo que se oculte a mi mirada, ni secreto que no pueda escuchar.

–Habla entonces, mujer –le ordenó el anciano dios, visiblemente enfurecido.

–Como siempre ha sido y siempre lo será, todo tiene su precio, dios del trueno –le respondió impasible.

–Vamonos, Thor –rogó Arokin–. Saber quién fue tu adversario no cambiará nada. Ya has recuperado la memoria. Has visto el Ragnarök. Un guerrero de incalculable poder te venció y llegó el fin, eso es todo. Ahora es el momento de buscar nuestro destino. El pasado ya ha muerto, el presente me sobrecoge. Debemos partir en busca del futuro, es lo único que importa, es la razón de nuestro viaje, cambiar el mundo ¿O acaso lo has olvidado?

La hechicera sonreía. Sabía que la curiosidad de Thor Odinson necesitaba satisfacerse. Era como el gusano Nídhögg royendo sus entrañas.

–Pues dime el precio mujer. ¿No será el otro ojo?

–No, esta vez no –le respondió.

–Habla entonces. Espero y escucho con ansiedad. Desde que he recuperado la memoria mi paciencia es más escasa.

–En esta ocasión el precio es algo muy diferente. No quiero quitarte nada de tu cuerpo, no quiero tesoros, ni promesas. Sólo una noche de placer a tu lado. Quiero que me poseas y yazcas conmigo esta noche. Que los dos nos fundamos en un abrazo y compartamos el calor del lecho. Hace mucho tiempo que no gozo de las caricias de un hombre, menos de un dios, y menos aún del hijo de Odín, el dios del trueno.

–No la escuches, Thor –se entrometió Arokin–. Es un demonio, estoy seguro.

–Vamos, tu joven amigo exagera, ¿o acaso tiene celos? –La mujer hablaba segura de sí misma. Su voz era sensual y melodiosa–. Acaso no te gusta lo que ves –le dijo mientras se acariciaba el cuerpo, ajustando la ropa a sus formas con las manos y los dedos.

–Está bien –contestó el hijo de Odín–, que así sea. Me he acostado con más mujeres de las que puedo recordar, incluso con muchas al mismo tiempo. No estará mal que recuerde también estas hazañas que ya en su día me dieron merecida fama.

–Pero... –Arokin se disponía a intervenir de nuevo, cuando las palabras murieron en su garganta. El poder mágico de Járnvidur volvió a actuar sobre él.

–Dime entonces, hechicera, ¿quién era, o es, ese guerrero invencible que trajo el Ragnarök?

–Escúchame, Thor, y no olvides tu promesa, pues ésta será una noche larga.

»Dices que el día de Ragnarök fue un día de infamia y así fue, tal vez el más trágico de la historia. Sin embargo, las nieblas del tiempo envuelven con su manto otra jornada que, aunque desconocida, fue el pilar sobre el que se asentaría la llegada del fin.

»Las piedras hablan. Si sabes escuchar, oyes sus palabras en tu mente y en tu corazón, susurros, mensajes, historias olvidadas que pasaron hace mucho tiempo en lugares lejanos; incluso algunas que tienen que ocurrir todavía. Las piedras, centinelas de la tierra, observan y graban en sus pétreos cuerpos los anales del mundo. Yo he aprendido a leer de sus páginas. Les he preguntado en mis noches solitarias sobre los misterios del mundo, y me han hablado.

»Ésta es la historia que te rebelará la identidad de aquel que te venció y trajo la ruina a los Ases de Asgard. Escucha, Ásathor.

»Hubo un tiempo, cuando el mundo era joven y los hijos de Odín recorrían la tierra matando gigantes y retozando con doncellas, que germinó la semilla del odio en el corazón de Loki, el hijo adoptivo del padre de todos. Hijo del gigante Fárbauti al que el mismo Odín dio muerte en la batalla, y hermano de Býleist y Helblindi, que tenía el alma como las sombras del infierno. Siempre planeaba la manera de provocar el mayor daño posible a los Aesir. Loki, como bien sabes, es el dios de la mentira y del engaño. Es el más astuto entre los dioses y los hombres, por eso desde que Odín lo acogió como uno de los suyos, firmó la sentencia de muerte a los dioses.

–Sé que Loki engañó a Hödr para que, utilizando el muérdago, acabara con el más hermoso de los dioses, Baldur –le interrumpió Thor.

–Así es, impaciente cachorro de Odín –le dijo–. Esos actos eran los que estaban a la vista de todos. Pero Loki es muy astuto y sus planes no los exponía al alcance de las miradas de los dioses. Ni siquiera Heimdall, el que todo lo ve y oye, conocía lo que tramaba el pérfido dios. Sólo lo sabían las piedras que escuchan en silencio y su paciencia es eterna.

»Loki tuvo tres hijos con una giganta del Jötunheim llamada Angrboda. Como bien sabes, uno era el lobo Fenrir, el otro fue Jörmungard, es decir, la serpiente Midggard, y el tercero es Hel. Cuando los dioses consultaron a los oráculos, enseguida supieron que estos tres hermanos llevarían la desgracia y el dolor a los Nueve Mundos. Odín ordenó raptar los tres hermanos y después optó por lanzar al mar a la inmensa serpiente; Hel fue desterrada en el reino helado de Niflhem, mientras que accedieron a quedarse con lobo Fenrir. Sin embargo, para la seguridad de todos, fue atado a unos grilletes indestructibles, los llamados Gleipnir hechos con seis elementos: el ruido de un gato, la barba de una mujer, los tendones de un oso, las raíces de las rocas, el alma de un pez y la baba de un pájaro.

–Eran unos grilletes poderosos, pero al final no resistieron a Fenrir –comentó Thor.

–Cierto, pero Loki era conocedor de que los dioses estaban preparados para enfrentarse a su estirpe. Entonces ideó otro plan en las sombras, utilizando su magia y sus artes para ocultarlo a los ojos de los Ases. Así, cuando diese el golpe, sería definitivo.

»Una noche el dios del engaño se transformó en una lechuza y entró en las estancias de Odín, el padre de todos. Dejó caer sobre él polvo del sueño, para que no despertara durante el desarrollo de sus acciones. Le arrebató el anillo Draupnir y se lo llevó con él tan rápido como pudo hacerlo, hasta que alcanzó la orilla del lago Ámsvatnir, donde le esperaba una vieja bruja que también odiaba con todo su corazón a Odín y a sus hijos. La hechicera le robó al anillo de oro una porción del poder que atesoraba. Después Loki, siguiendo su plan, lo devolvió antes de que Odín despertase y se diera cuenta de su falta. En ningún momento el señor de Asgard, supo lo que había pasado esa noche.

»Todavía en su forma de lechuza, el dios del engaño regresó a la cabaña situada en la orilla del lago. La hechicera le recibió con regocijo; todo estaba saliendo a la perfección. El primer paso estaba dado y Odín desconocía lo que había ocurrido; si hubiera sospechado algo todo habría acabado para ellos.

»La bruja del lago tenia una hija, se llamaba Svadilfaeri. Era una niña, de piel blanca como la luna, y los cabellos negros y brillantes como las plumas de los cuervos. Ya estaba desnuda cuando el dios del engañó llegó a la habitación donde le estaba esperando, dispuesta servilmente a cumplir con lo que se había designado para ella.

»Sus ojos no mostraban miedo ante la presencia del dios, su cuerpo no temblaba. Sus pequeños pechos estaban firmes y excitados, redondos como dos manzanas pequeñas, sus piernas tersas y fuertes. Los labios de la joven eran un néctar exquisito para el sediento dios. Svadilfaeri aparentaba una corta edad, pero era una mujer con la experiencia de décadas en juegos amorosos, aunque todavía era virgen. Su madre la había reservado para ese momento, a pesar de los sufrimientos de su hija, que había resistido con paciencia y fuerza de voluntad las tentaciones de yacer con otros muchachos. Sintió sus caricias y les otorgó las suyas, pero nunca había sido penetrada por ninguno. La anciana bruja no dudó en matar a aquellos que, no resistiendo sus impulsos, habían intentado violar a Svadilfaeri. También la misma joven había enviado al Valhalla o al Niflhem a más de uno.

»Loki se quitó el casco y la capa. Después se desnudó y se acostó al lado de Svadilfaeri. La niña empezó con los juegos que había aprendido y le había enseñado su madre. Acarició con manos de seda la piel del dios del engaño. Sus labios humedecieron el cuello de Loki, bajando despacio hasta su pecho y después hacia su vientre. Los dedos delgados de Svadilfaeri aferraron el miembro de Loki y lo masajearon con habilidad, al momento se lo introdujo en la boca. Poco después Loki optó por tomar la iniciativa. El fuego ardía en su interior, desbocado como un caballo salvaje en celo persiguiendo a la única yegua del universo. Se situó sobre la joven y separó sus piernas en busca del tesoro que se le ofrecía sin ninguna resistencia. La niña apenas contenía su ansía retenida durante inacabables años.

»Loki la penetró sin miramientos. La chica gimió de placer, enloquecida con cada embestida del dios del engaño y la mentira. La piel se le erizaba y los pezones se estremecían por continuos escalofríos. El placer que le estaba ofreciendo era mucho mayor del que había imaginado. Era el placer que otorgan los dioses, el goce de una fría oscuridad que desgarraba sus entrañas. Era un suspiro de muerte.

Después de un rato el dios se separó de la joven. Ella aferró su espalda para que permaneciese en su interior todavía embargada por el ansia. El dios del engaño le dio la vuelta de un tirón, colocándola de cara contra el lecho. Entonces Loki, utilizando una uña, se corto en el miembro y comenzó a sangrar. El hijo que vendría, fruto de esa noche, debía ser concebido por la sangre. Después la volvió a poseer con más intensidad, como una fuerza de la naturaleza, como una tormenta en la cumbre de escarpadas montañas. Svadilfaeri gritó al principio, pero mientras le masajeaba los pechos, comenzó a sentir un placer que iba creciendo en intensidad. Los movimientos de Loki eran más y más fuertes. La joven chilló y se mordió los labios en una mezcla de placer y dolor, su cuerpo anhelante, entre estremecimientos, pedía que no acabase nunca. El rito se estaba cumpliendo y así se engendraría una criatura nacida de la perversión. Svadilfaeri sintió algo caliente en su interior. Era la primera vez que notaba esa lava recorrer sus entrañas.

»El dios se levantó de la cama satisfecho y se alejó.

»–Te has portado bien –le dijo sin mostrar ningún tipo de sentimiento–. Quizá vuelva otro día.

»La joven cerró los ojos y, mientras intentaba que las sensaciones que había vivido no se escaparan, se acarició el sexo, estaba llenó de sangre.

»–Está hecho –le dijo Loki a la vieja bruja que le esperaba fuera de la habitación.

»–Lo sé –respondió ésta–. Ahora con la magia robada al anillo de Odín, ocultaré la existencia del niño que vendrá y nadie en los Nueve Mundos sabrá de él, al menos como hijo del dios del engaño. Estará a la vista de todos sin que se den cuenta de quién es o lo que pretendemos.

»–Así será –concluyó el dios mientras cerraba tras de sí la puerta de la cabaña y se alejaba de allí transformado en un halcón.

»Meses después, la joven Svadilfaeri moría durante el parto que daba luz al niño. La vieja hechicera sostuvo entre sus manos al recién nacido, sin prestar atención a la madre muerta. No le importaba su hija. La piel del niño era como una sombra. Sus ojos de color blanco resaltaban como los de un espectro en medio de la noche. No emitió ningún lamento, ni siquiera una lágrima recorrió sus mejillas. La vieja hizo un corte en el cuello de la madre fallecida y acercó el niño a la herida. La sangre brotó y el niño bebió de ella como si se tratara de leche materna.

»Durante el paso de los años, el niño fue creciendo y se convirtió en un adolescente, pero su piel era como el mármol negro. Entonces su abuela urdió un hechizo, con el que cambió su color por el de un joven mancebo de piel rosada y cabellos rubios. Los ojos brillaron azules y le otorgó una voz melodiosa. Debía mezclarse con los hombres y los Ases sin levantar sospechas. Tenía que estar cerca de ellos, aprender y sufrir las experiencias que le habían reservado los planes de Loki. Cuando alcanzó la pubertad fue dado en adopción a una familia en la que podría pasar desapercibido. Mientras el poder de Draupnir se mantuviese, nadie se daría cuenta de quién era en realidad, o por lo menos, lo que no era.

»Pero, aún con un gran poder en su interior, el hijo de Loki necesitaba un arma, algo que le hiciera invencible y con lo que pudiera derrotar a los Ases, principalmente a Thor. Esa arma llegaría en su momento. Ahora debían esperar.

»El hijo del dios del engaño y de la joven bruja creció al amparo de una familia de granjeros; jugó con la hija de estos, a la que consideraba su hermana. Una niña de cabellos como los de la diosa asinia Sif, dorados como el sol, y ojos azules como el cielo del verano. Era una jovencita reservada pero muy cariñosa con sus padres y con su nuevo hermano, al que quería como si fuese parte de ella misma.

»Un día, después de varios inviernos, llegó al hogar de esa familia uno de los Ases. Venía cansado de una incursión en Utgard donde había ido a matar gigantes de la escarcha; no era otro que el mismo Ásathor, joven, orgulloso, bravucón, cruel y sin sentimientos. Le acompañaba Loki, que había accedido a acompañar a su hermanastro, según dijo, porque estaba cansado de medrar en los salones del palacio. Pero su intención oculta era otra.

»El granjero les ofreció albergue para la noche y comida para su estómagos hambrientos. Thor, agradecido, sacrificó los dos chivos que tiraban de su carro, los despellejó y los ofreció para que los cocinaran. Después les dijo que volvieran a colocar los huesos sobre las pieles. Cuando Thor y Loki se acostaron parar recuperar sus fuerzas, el hijo adoptivo del granjero cogió el fémur de uno de los chivos y, utilizando un cuchillo, lo rompió y sorbió la médula del animal.

»Antes del amanecer, cuando el alba despuntaba entre la oscuridad, los dioses de Asgard se dispusieron a reemprender el camino. Thor apuntó con su martillo Möjllnir a las pieles con los huesos de los chivos y, obrando su magia, los animales retornaron a la vida. Pero uno de ellos cojeaba mucho. El hijo de Odín comprendió al momento lo que había pasado y se enfureció. Sus manos se crisparon en torno al martillo, deseoso de romper las cabezas de aquellos desagradecidos granjeros.»

Mientras la bruja Járnvidur iba narrando la historia, la faz del anciano Thor Odinson cambiaba por momentos. Las palabras de la mujer le hacían recordar perfectamente aquellos momentos, aunque casi los había olvidado debido al tiempo transcurrido y a que todavía existían muchas lagunas perdidas en su memoria.

–Esa historia la conozco –le interrumpió–. Pero dime qué tiene que ver con ese guerrero oscuro ante el que estuve a punto de morir.

–Quizá en tu interior ya lo sabes –le respondió la hechicera–. El instinto te dice lo que quieres saber, pero desconoces los pequeños detalles que darán luz a todas las preguntas que te corroen.

»La furia de Thor, tu furia, es difícil de apaciguar –continuó narrando al bruja–. Los rostros de los granjeros estaban pálidos de miedo, no así el de su hijo adoptivo y tampoco el de su hija natural. De no ser por ella, quizá, los habrías matado a todos en esos momentos.

»La niña se arrodilló a sus pies, escondiendo la cabeza entre sus brazos. Y le suplicó con estas palabras.

»–Ten piedad, grande entre los dioses. Permite que mis padres vivan. Me ofrezco a servirte y a ser tu esclava durante el resto de mis días en esta vida.

»Thor escuchó a la joven y su corazón pareció ablandarse.

»–Ten en consideración la petición de la jovencita –le aconsejó Loki a su espalda, mientras contemplaba divertido la escena.

»–Está bien, el hijo de Odín no desconoce el perdón. Serás mi sirvienta y perdonaré a tus padres y a tu hermano.

»–Es mejor que no separes a los hermanos –le dijo Loki–. Piensa que es mejor dos sirvientes que uno y, por otro lado, si lo traes también junto a su hermana, muestras una mayor consideración con ellos.

»–Es cierto, a los hermanos les unen lazos invisibles, difíciles de romper hasta por la magia más poderosa. Tú también vendrás conmigo y también me servirás, y lo harás bien y con agradecida voluntad.

»El joven asintió, por un lado no tenía otra opción que obedecer al dios del trueno, pero por otro sentía que una voluntad más fuerte que la suya le impelía a hacerlo.

»Thor y Loki, los hijos de Odín, se llevaron a los dos hermanos al palacio de Gladsheim, donde serían tus fieles esclavos.»

–No sigas, mujer –le interrumpió Thor–. Conozco lo que pasó. Era joven e impetuoso, henchido por el orgullo y la vanidad.

–Ahora no puedo detener mi narración –dijo la hechicera–. La verdad se tiene que conocer. ¿Acaso crees que ya lo sabes lo que ocurrió? No todas las respuestas están escondidas en tu maltrecha memoria.

»¿Recuerdas aquellas noches en las que los gritos de la niña, tu sierva, resonaban en los pasillos del palacio? No mostraste piedad alguna. Como dios que eres y fuiste te creías dueño y señor de todas las criaturas de los Nueve Mundos. Eran seres inferiores que no tenían otra función que cumplir con tus deseos.

–Nosotros les protegíamos –argumentó Thor–. Si no fuera por los desvelos de los Ases, no hubieran sido más que comida de trols y gigantes.

–No quieras justificar tus actos –replicó Járnvidur–. Escucha mis palabras en silencio.

»Noche tras noche, la joven se debía presentar en los aposentos del primero de los Ases y allí satisfacer todos sus deseos. A ti no te importaban los seres inferiores. Ella no era más que un objeto para ser utilizado y desechado, como un trapo en el que limpiar tus miserias.

»Entre las sombras, el hijo de Loki y hermanastro de la niña que cada noche era violada, observaba y vigilaba apretando los puños hasta que los nudillos se volvían blancos; sabía que cada vez estaba más cercana su venganza. También oculto, Loki reía en silencio. Pronto, muy pronto, sus sueños se verían cumplidos y con ellos el fin de los Ases, de Asgard y de los Nueve Mundos.

»Pasado el tiempo, cuando la niña dejó de serlo y se convirtió en una mujer, perdió el interés para ti, hijo del trueno. Ya no la deseabas. La carne tierna de la joven se había convertido en la de una macerada mujer, y el corazón de Thor deseaba mostrar, de cuando en cuando, sus buenas maneras; así que la liberaste de su juramento. Creíste que su ofensa ya había sido saldada y podía marchar en libertad para disfrutar del reino de los Ases, donde la comida y la hidromiel no escaseaban, y una mujer hermosa y trabajadora no tardaría en encontrar a un hombre al que servir y calentar el lecho. Sí, Thor Odinson, te mostraste satisfecho con la decisión tomada y te creíste un hombre justo y digno de las mayores admiraciones. Al mismo tiempo le ofreciste tu amistad al hermano de la mujer liberada, que también quedaba así absuelto de su servidumbre. Y qué mayor don que poder ser considerado amigo del más grande entre los dioses de Asgard. Incluso tenía el derecho de acompañarte en tus aventuras, a guerras y a devaneos amorosos.

El joven te agradeció el ofrecimiento y aceptó de buen grado, si bien antes le dijo que quería irse unos días para visitar a sus padres, los granjeros, pasar unas semanas con ellos y decirles que se encontraban en buen estado y que su estancia al servicio del hijo de Odín había sido totalmente satisfactoria. Le diste tu bendición y le rogaste que no demorase su vuelta, ya que deseabas tener aventuras junto a él.

»El joven se marchó, pero no para visitar a sus padres. Lo que hizo fue buscar el nacimiento del río Elivágar, pues allí, bajo las rocas mojadas eternamente con una tormenta que jamás se agotaba, se encontraban las cuevas de los enanos herreros.

»Allí estaba Loki, convertido en una ardilla. Le susurró al oído y le pidió que recordara a su verdadera madre y a su verdadero padre. Años atrás le prometió un arma con la que podría vencer a los Ases y destruir Asgard, ahora había llegado el momento de cumplir su promesa.

»Meses antes, Loki, el dios del engaño, había entablado una negociación con dos gnomos; uno se llamaba Módsognir y era el más viejo, el otro era de nombre Dusinn. Les ofreció, a cambio de que le fabricaran un arma, dos hermosos elfos dorados de Álfheim, que serían sus esclavos durante toda la eternidad. Los gnomos accedieron encantados al trato.

»–Quiero que forjéis para mi una armadura –les ordenó Loki–. Para ello utilizaréis el metal uru, el único que adquiere poder y vida con la magia. Será negra como la noche, huraña como los árboles secos. Que la fragua trabaje con el fuego más intenso que podáis crear. La armadura cubrirá totalmente el cuerpo de un hombre, sus manos, sus piernas, su tórax, su cabeza. Y una vez finalizada debéis guardarla bajo el altar de Geirröd. Nadie debe conocer su existencia. Si en algún momento alguien llegara siquiera a sospechar, la ira de Loki caerá sobre vuestras cabezas. El sufrimiento que os esperará entonces no se puede imaginar.

»–Debes confiar en nosotros –le aseguró Módsognir–. Nuestra estirpe en ocasiones es mezquina, pero la mentira es propia de los hombres y de algunos dioses. Nuestra palabra es tan firme como las rocas que nos cobijan y protegen. Obrare-

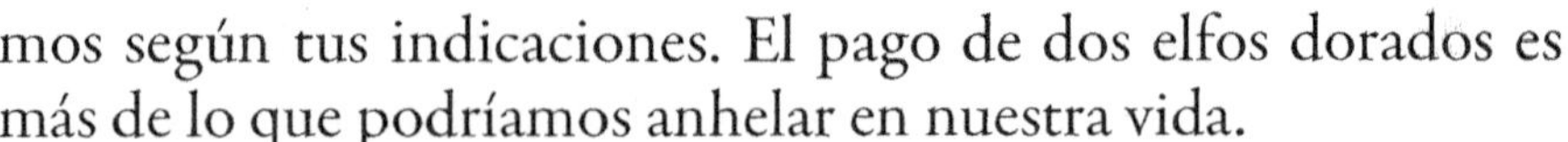

mos según tus indicaciones. El pago de dos elfos dorados es más de lo que podríamos anhelar en nuestra vida.

»–La fragua empieza a calentarse –continuó Dusinn–. Traigamos el metal para que se funda.

»Loki permaneció al lado de los enanos. Con su magia ocultó su trabajo. Éstos, como laboriosas hormigas, empezaron con la construcción de la armadura. Los hornos ardían con el calor de mil soles, alimentados por el carbón mágico que los gnomos, incansables, les ofrecían. Después llegó la hora de moldear el metal y someterlo a la voluntad de sus artesanas manos.

»El uru fue llevado en pequeños trozos que, con infinita paciencia, extrajeron del interior oculto de los pozos de Urd, donde la luz del sol nunca había llegado. Después fue arrojado a los hambrientos hornos ardientes, donde se derretían todos los metales del Universo, combinando el alma del hierro y el bronce en calderos al rojo vivo. Allí, el inmenso calor, fundió el metal uru en un líquido negro y denso. El metal sólo podía permanecer en ese estado unos instantes, al menor error volvería a solidificarse y, entonces, ya no se podría trabajar con él nunca más.

»Con gran precisión los gnomos cogieron el metal fundido en dos recipientes y lo dejaron deslizar sobre unos moldes, para después dejarlo sobre la forja de Nidavellir. Sin detenerse para descansar, con los cuerpos repletos de sudor por el esfuerzo, comenzaron a golpear con dos mazas el metal que iba tomando forma. Sé con absoluta certeza que esa labor duró días, tal vez semanas. Ambos gnomos se sucedían en los golpes, uno tras otro, sin descanso, aún con sus huesos entumecidos, hasta que al fin la armadura tomo forma y fue acabada de acuerdo con los designios de Loki. La armadura era oscura y sin adornos; nada regio, nada dorado, ningún símbolo, ninguna runa. La muerte debe de ser así, simple, parca y fría.

»Más tarde, siguiendo las ordenes de Loki, la armadura se ocultó bajo el altar de Geirröd, y el dios del engaño premió a los gnomos Módsognir y Dusinn con dos elfos dorados que les servirían y atenderían todos sus caprichos y deseos. Los gnomos se fueron felices, pues al tener bajo sus mandatos a los elfos quedaban satisfechos todos los anhelos que podrían llegar a soñar.

»Había llegado la hora. El hijo de Loki se adentró en los túneles de roca que descendían hasta los reinos inferiores, semejantes a las entrañas maternas, donde de nuevo buscaba la luz en los estrechos conductos. Su padre, el dios del engaño, le seguía con la forma de una ardilla.

»Estaban en el reino de los enanos, el lugar donde se fraguaban las armas de los Ases. Allí habían moldeado el martillo Möjllnir, que Odín quería regalarle a Thor, pero antes, el padre de todos pretendió dotarlo de magia y de un poder que lo hiciera incontenible.

»El hijo de Loki se adentraba en las profundidades, un lugar donde las sombras adquirían vida propia y amenazaban con socavar su cordura. Pero él era más terrible que los demonios de la oscuridad, él era la Oscuridad.

»No tenía miedo, pero se detuvo cuando escuchó unas voces. Se acercó despacio y, para su asombro, pudo ver a Odín, el padre de todos los dioses hablando con un enano de aspecto regio. Odín le entregó el martillo Möjllnir al enano y éste a su vez lo depositó en un pedestal, un altar de ceremonias. Momentos después el padre de todos los dioses, el hijo de Borr, convocó a la tormenta, y la caverna se vio envuelta en ondas incontroladas de un inmenso poder. Era el poder de Odín, también conocido como Allförd, Haptagud, Farmagud y Valfödr. La inmensa energía se deslizó por las húmedas paredes de la roca, recorrió el húmedo suelo y después extendió sus brazos hacia el martillo que descansaba sobre el altar. El poder de Odín se imbuyó en el metal uru, la futura arma de Thor, pero también lo hizo al metal de la armadura oculta bajo el mismo altar. Así, tanto el martillo como la armadura poseyeron el poder del dios de los cuervos. Loki había urdido su mayor engaño y con ello obtenía su éxito más grande.

»Odín cogió el martillo y se marchó satisfecho, después de darle las gracias a Geirröd, el rey de los enanos, el maestro de la fragua.

»Cuando la sala quedó vacía, Loki abandonó la útil pero poco honrosa apariencia de ardilla y junto a su hijo salieron del escondite, apartaron el altar y sacaron la armadura negra, la armadura con la que serían los portadores del fin del mundo. La piel ardía al contacto con el metal, pero Loki apremió a su hijo para que se la pusiera. Cada pieza que se colocaba era un sufrimiento inaguantable, incluso para un ser nacido de la magia. Los guantes quemaron sus manos y sus dedos; las piernas se agrietaron cuando se puso las botas de metal, el pecho se inflamó dentro de la coraza. Cuando se colocó el casco sus cabellos y labios ardieron, y sus ojos se convirtieron en dos soles. Su garganta se rompió en un grito de dolor que, a pesar de la magia que lo ocultaba, fue escuchado en los Nueve Mundos. Heimdall se sorprendió, aquel alarido había surgido de la nada, pero momentos después volvía a quedar un vacío indescriptible. Fue algo extraño para los oídos que todo lo oyen, para el centinela de la Ciudad Eterna.

»El hijo de Loki cayó de rodillas, abatido por el tremendo dolor sufrido.

»–Levanta, hijo mío –le dijo Loki mientras le ofrecía su mano para ayudarle–. El daño y la muerte son necesarios para el renacimiento, pero ahora tu poder está completo. Al fin tengo ante mis ojos a quién acabará con los Aseir. Sin embargo, queda un último paso. Debes viajar al reino bajo tierra donde moran los elfos oscuros, tienen un tesoro que guardan con celo y veneran con devoción, es un caldero mágico que será también nuestro. Envía a los elfos que lo custodian al Nifleim, lugar del que nunca debían haber surgido y arroja estos huesos que te entrego en el interior del caldero. Entonces estaremos definitivamente preparados y dará comienzo el Ragnarök.

»Enfundado en su armadura, el hijo de Loki salió al exterior. Allí le esperaba un carro arrastrado por ocho caballos, que se encabritaron con su presencia. Los animales hendieron el aire y se elevaron sobre el viento hacia el hogar de los elfos oscuros.

»Días más tarde llegó al reino de los elfos oscuros como una maldición. Las infelices criaturas conocieron un castigo como nunca antes, en sus largos milenios de existencia, habían sufrido. Durante una larga noche, todos y cada uno de los de su raza fueron exterminados por aquel guerrero de armadura negra que no conocía la piedad.

»Avanzó como una plaga, matando con sus puños a todos los que se enfrentaban a él. A los que huían intentado ponerse a salvo, los abatía con el poder de los relámpagos, regalo del padre de todos los dioses, Odín *el tuerto.*

»*Ante él se encontraba el caldero mágico. Estaba hecho de bronce y oro. Decorado con dos serpientes aladas, cruzadas con sendas plumas de ganso. Una era dorada y la otra negra, simbolizando el día y la noche, el nacimiento y la muerte. En su interior hervía un líquido verde que exhalaba un hedor putrefacto. No entendía cómo los elfos podían reverenciar aquel objeto, al menos por lo que burbujeaba en el interior que no parecía agradable o bello. Los elfos siempre se jactaban de apreciar lo que era hermoso por encima de todas las cosas del Universo.*

»Situado frente al caldero, dejó caer en el líquido infecto los pequeños huesos que Loki le había entregado. Al principio no sucedió nada, pero poco después empezó a hervir. El olor se hizo desagradable e insoportable incluso para los dioses y los demonios. El guerrero oscuro miró en el interior, algo intentaba salir.

»Un poder dormido durante una eternidad y que no debió despertar, era arrancado, sin embargo, en contra de su voluntad, del descanso que gozaba, para recorrer los Nueve Mundos y sembrar la destrucción y la muerte.

»Uno a uno surgieron los cadáveres animados de guerreros muertos en mil batallas del pasado, mil guerras olvidadas. Eran espectros descarnados de los que sólo quedaban huesos, trozos de armaduras y cascos; espadas melladas, lanzas rotas, músculos podridos y cuencas de ojos vacías. Bocas abiertas en un último estertor o en una malvada sonrisa, dientes oscuros y lenguas hinchadas de pestilencia. Eran las Legiones Negras.

»Lejos de allí, en los salones dorados de Glasdheim, en el reino de Asgard, se escuchaban las risas de Loki, el dios de la mentira. Los Ases creían que, como en otras muchas ocasiones, estaba ebrio por la hidromiel.

»Y aquí finaliza la historia que te prometí –concluyó Járnvidur–. Después de la narración conviene que sacie mi sed con una buena jarra de hidromiel.»

–¿Quién era ese guerrero terrible? –le preguntó Arokin a la mujer, atenazado por un presentimiento que le aferraba el corazón.

–Su nombre era Thjalfi –respondió la mujer–, pero eso ya lo sabías, ¿no es cierto? –preguntó a su vez, dirigiéndose al hijo de Odín.

Thor abrió los ojos. Su boca se desencajó ante la revelación de Járnvidur. Conocía ese nombre. Lo había oído mil veces. Había estado a su lado.

–Pero... –a Thor le brotaban las palabras de su garganta reseca con dificultad– ...era mi amigo –dijo al fin con palabras cargadas de un profundo dolor.

–Te equivocas, dios del trueno –le respondió–, fue tu esclavo. Y la hermanastra de Thjalfi, como ya sabes, fue la hermosa y dulce Röskva. Sí, la joven a la que violaste una y otra vez sin piedad, era la madre de Arokin. Es algo hermoso y repleto de dulce ironía, ¿verdad? Ahora bebamos un poco de hidromiel. Tú también, Arokin, nos espera una noche muy larga.

EL JUICIO DE LOS DIOSES Y SU CONDENA

Fue en los primeros tiempos cuando nada había.
No había arena ni mar, ni las frías olas;
Tierra no había, ni el alto cielo,
sólo el vacío abismo, y no había hierba.

Snorri Sturluson, *Völuspa* 3

No sabía el sol dónde estaban sus salas,
no sabía la luna cuál era su poder,
no sabían las estrellas dónde tenían su lugar.

Snorri Sturluson, *Völuspa* 5

La revelación de Járnvidur había dejado a Arokin y a Thor mudos y cabizbajos. Entonces el joven rompió su silencio.

–¿Cómo pudiste hacerlo, maldito hijo de una urraca? –Arokin amenazó al dios del trueno, arriesgándose a sufrir su furia al insultarle.

–Guarda silencio, esclavo –le ordenó la mujer mientras invocaba con un gesto el hechizo que le cerraba la boca–. Tu momento aún no ha llegado, pero no te preocupes, será pronto. Ahora bebamos hidromiel y refresquemos nuestras gargantas, que están demasiado áridas.

Ambos, todavía ensimismados, le obedecieron. Thor bebió mientras sus pensamientos volaban por los senderos abruptos de unos recuerdos que avergonzaban su alma. Arokin lo hizo para calmar su odio. Vaciaron las jarras de hidromiel al unísono, dejando que la preciada bebida refrescara sus sentimientos, al mismo tiempo que descendía por sus respectivas gargantas. La hechicera también hizo lo mismo. Bebió de una jarra negra, dejando que la hidromiel se precipitara por las comisuras de sus labios y humedeciera su cuello y pechos. Después situó la jarra sobre la mesa y lanzó una sobrecogedora carcajada que heló el corazón de Arokin. Thor se mostró sorprendido.

–Ha llegado la hora de exigir mi tributo –le dijo al dios del trueno, mirándole con los ojos de un tigre hambriento.

Arokin quiso intervenir, pero cuando intentó moverse se dio cuenta de que sus piernas y brazos no le respondían. Su visión comenzaba a tornarse borrosa.

–¡Nos ha envenenado! –atinó a decir, pero Thor no le escuchaba. También se encontraba rígido y con su único ojo perdido en un cielo que sólo él contemplaba.

Járnvidur poseía una belleza inhumana y sobrenatural. Sus ojos eran un arco iris, que cambiaban su tonalidad pasando del violeta y el rojo de un atardecer, al dorado del alba. Su cuello era de marfil, liso y resplandeciente, ajeno al paso del tiempo y a la degeneración de la piel. Sus pechos semejaban la suavidad de las colinas de Asgard cuando en primavera se cubrían de hierba y eran mecidas por el viento. Todo su cuerpo era una invitación a la lujuria y el desenfreno. Durante la extraña velada había llevado un vestido de seda que apenas ocultó sus formas celestiales a los ojos de sus invitados. La mujer se desabrochó un ornamento en forma de serpiente y el vestido se deslizó como un suspiro, mostrando de golpe toda la belleza y sensualidad ocultas de la hechicera. Después se movió desnuda por la cabaña. Parecía que buscaba algún objeto por los rincones. Arokin, aunque no podía moverse ni hablar, la siguió con la mirada, atraído como una polilla a luz hacia el cuerpo desnudo de Járnvidur. No podía dejar de mirar las piernas fuertes, el vientre plano y los pechos trémulos. Incluso podía sentir una erección incontrolada, ajena al hechizo que lo inmovilizaba. Pero entonces vio algo que le atemorizó. La hechicera, finalmente, cogió un gran cuchillo de mango de piedra. Durante unos momentos se quedó mirando su filo, tal vez viendo su reflejo en el acero. Entonces la bruja se giró hacia Arokin. El joven guerrero notó como su corazón emprendía una carrera desbocada; el miedo le estrujó el estómago.

–Debo preparar algo con lo que reponer mis fuerzas después del placentero combate que voy a mantener con el dios del trueno –le dijo la mujer–. A pesar de su edad, la fuerza de Thor no debe haber decaído.

Arokin no entendía las palabras de Járnvidur. Éstas sonaban indiferentes, no había en ellas ningún tono de odio o de rencor hacia él. Para ella era menos que una hormiga. Entonces pudo ver cómo el cuchillo se acercaba a su brazo derecho. Quiso escapar de allí pero no lograba moverse, era como si decenas de manos invisibles lo sujetaran.

Con absoluta frialdad, la hechicera empezó a cortar la carne y el músculo por debajo del codo. El primer corte llegó hasta el hueso y, cuando lo tocó, hizo girar el cuchillo en círculo, desgarrando la carne; después alzó el cuchillo y de un golpe certero quebró el hueso. La extremidad de Arokin fue separada totalmente de su cuerpo. El guerrero soportó el dolor sin poder lanzar un grito que lo aminorase. Sólo podía mover los ojos, y eso aumentó más su sufrimiento, pues éste se acrecentaba ante la espantosa visión.

Le había cortado el brazo derecho a la altura del codo. Cuando Arokin creía que iba a morir o quizá que le seguiría cortando otras partes del cuerpo, la mujer le cicatrizó la herida abierta con un extraño ungüento, que le ocasionó todavía más dolor que cuando le había sesgado el brazo con el afilado cuchillo de carnicero.

–Necesito conservarte con vida –le explicó sin más–. Podría dejar tu cuerpo a la intemperie. El frío te congelaría rápidamente y podría disponer de ti cuando tuviera hambre, pero qué sentido tendría, cuando puedo mantenerte con vida y así tener siempre carne fresca. Además, con tus testículos podré crear seres mágicos y formas de barro animadas que me reconfortarán por las noches, pero no podré utilizarlos si no se mantienen calientes. Permanecerás con vida bastante tiempo; una vida que para ti será un infierno.

Al momento cogió el brazo cercenado y, de un tajo del cuchillo, le cortó la mano.

–No es un bocado de mi gusto –añadió–. Los dedos tienen poca carne, muchos tendones y la muñeca posee demasiados huesos para mi paladar; un desperdicio.

Cogió el antebrazo de Arokin, lo ensartó en una barra metálica y lo situó sobre las brasas encendidas de la chimenea.

–Aquí se cocinará poco a poco –murmuró Járnvidur–, mientras yo me ocupo de otros quehaceres más gozosos.

El rostro de Arokin se contraía por el dolor y la inmensa repugnancia. Sus ojos estaban apagados por el padecimiento, pero no se cerraban, obligados a contemplar todo lo que estaba sucediendo. Una extraña magia que, no satisfecha con el inmenso dolor, le arrastraba también a la locura.

Járnvidur se acercó al hijo de Odín, que permanecía rígido como una estatua y lo movió, sin aparente esfuerzo, hasta el camastro. Su ropa daba cuenta de una erección, con seguridad forzada por la hidromiel y algún ingrediente especial. La mujer juntó sus labios con los del anciano y situó su cuerpo encima. Su lengua venció la pobre resistencia que le ofrecía la boca entreabierta del Aesir y le inoculó en el interior un aliento ardiente como el vapor de un volcán a punto de entrar en erupción. La saliva era como lava, un veneno que humedecía la lengua seca de Thor. A continuación, siguió con pequeños mordiscos en el cuello agrietado por el tiempo. Muchos fueron los labios femeninos que habían acariciado la piel de Ásathor, aunque el transcurso de los años le había hecho olvidar su dulce sabor. Pero el recuerdo volvió con aquel placer embriagador que le otorgaba la hechicera.

La mujer desgarró con las uñas la vestimenta de Thor. La arrojó hecha jirones a un lado, dejando al dios completamente desnudo. Con una sonrisa cogió el miembro erecto que la señalaba como una lanza a punto de ensartarse. Después lo acarició con devoción mientras se relamía los labios igual que un felino hambriento. El cuerpo de Thor sufrió estremecimientos, a pesar de que estaba petrificado por el hechizo. Járnvidur frotó su cuerpo situándose a horcajadas encima de él. Se restregó como una gata en celo, arrastrando los labios de su sexo por el pecho y el vientre del hombre. Después guió los dedos rígidos del hijo de Odín hacia la entrepierna, que ardía como las llamas de la chimenea. Sus caderas comenzaron a moverse en un suave balanceo que cada vez se hacía más rápido y vertiginoso. A cada momento que pasaba, la mujer parecía más inmersa en un imparable frenesí. Sus jadeos llenaron el espacio de la cabaña, acompañando al crepitar del fuego y el sonido de la carne quemándose en las brasas. Momentos después, la mujer sacó los dedos de su interior y movió su cuerpo, restregándose de nuevo hacia el pecho de Thor. Siguió hasta llegar a la cara y allí colocó el sexo en la boca del As. El olor secreto de la mujer impregnó al guerrero de un aroma dulce y amargo a la vez. Sabor de bosques en las montañas y, al mismo tiempo, de la arena en las playas acariciadas por el roce de las olas. Situada en esa posición, comenzó de nuevo a mover las caderas, al principio lentamente, pero al poco se agitó como un ser poseído por un demonio. Járnvidur mantenía agarrado el pene de Thor, que todavía permanecía alzado como el mástil de un navío varado en la costa. Parecía tener miedo de que escapara tan preciado tesoro.

Al fin se separó del rostro de Thor y, sin soltar el miembro que aún aferraba con fuerza entre sus dedos, inclinó su boca hacia él. Después de un buen rato volvió a tumbarse sobre Thor Odinson y esta vez le obligó penetrarla. Abrió sus piernas sobre él como un jinete dispuesto a comenzar un largo viaje en una enloquecida montura. Los jadeos de la mujer se convirtieron en gritos desesperados de placer, mientras sus entrañas eran golpeadas una y otra vez. Sin cejar en sus espasmódicos movimientos, se agachó para relamer los labios del guerrero postrado. El aliento de la hechicera ya no era dulce, sino que cada vez era más desagradable y ponzoñoso, como si se hubieran abierto de repente las ventanas del infierno. Afortunadamente se incorporó de improviso, arqueada por un latigazo de placer. Járnvidur volvió a gritar desde sus entrañas, enloquecida y fuera de sí. Era una tormenta que la envolvía con continuos orgasmos. En ese momento el hijo de Odín derramó la divina simiente en su interior. Incluso el cuerpo del anciano se dobló hacia arriba, venciendo al hechizo que lo petrificaba. La bruja clavó sus uñas en el pecho y diez regueros de sangre descendieron por el vientre hasta unirse con los líquidos producidos por la desenfrenada batalla sexual que habían vivido la hechicera y el guerrero.

Parecía que la mujer ya estaba satisfecha, pero nada más lejos de la realidad. Mientras lamía la sangre que manaba de las heridas en el pecho del guerreo, empezó a balancearse de nuevo. Primero lentamente, como si se encontrase en un sueño, con calma, pero luego su intensidad volvió a aumentar de forma salvaje. Sin embargo, esta vez había algo diferente. El rostro hermoso de la mujer cambió sutilmente. Su piel blanquecina y marmórea se agrietó, la luz de sus cabellos se apagó como un atardecer tragado por la noche.

La mujer cabalgaba desenfrenada sobre el cuerpo de Thor. Subía y bajaba poseída por el éxtasis, cuando empezó a obrarse una increíble transformación. De súbito la cabaña se llenó de un olor nauseabundo. Járnvidur empezó a arquearse como una víbora, adquiriendo posturas imposibles. Sus ojos dorados parecidos a refulgentes estrellas se oscurecieron de repente, convirtiéndose en dos caparazones negros semejantes a los de un escarabajo. Su mandíbula se estiró mientras emitía desgarradores crujidos y sus pómulos se hundieron al mismo tiempo. El cabello dorado empezó a caerse podrido y pestilente. Los brazos se alargaron flexionándose hacia atrás. Los hombros le crecieron como almenas de un castillo y su espalda se preñó de jorobas. Sus piernas, antes largas y tersas, se vieron envueltas en húmedas escamas.

Arokin contemplaba la escena con el corazón encogido por el terror. Al ver la criatura en la que se convertía la maléfica mujer, un nombre llegó a su mente.

De pequeño había escuchado leyendas que hablaban de un ser demoníaco. Historias que se contaban para asustar a los niños sobre una criatura que vivía en los bosques, agazapada en mágicas y confortables cabañas, que no eran sino un cebo para atraer a los infortunados que se habían perdido. Sedientos y con el hambre golpeando sus estómagos, eran como moscas que se pegaban a la miel. Decían que era un monstruo hambriento de carne y sexo. Los hombres eran devorados y sus huesos utilizados para hacer sabrosos caldos. Su nombre se pronunciaba con miedo, nadie alzaba la voz para pronunciarlo, siempre con un susurro, casi en silencio; pero hombres, mujeres, niños y demonios, todos los seres vivos en los Nueve Mundos habían oído hablar alguna vez de Baba Yaga.

Arokin había notado minutos atrás un sudor incontrolable. Todo su cuerpo estaba repleto de pequeñas gotas saladas. No era algo a lo que le hubiera dado importancia de no ser porque, al mismo tiempo, se dio cuenta de que estaba recuperando la movilidad en los dedos de la única mano que le quedaba. El efecto del veneno que les había dado perdía su efectividad. Quizá la transformación que estaba sufriendo el cuerpo de la bruja le había hecho perder alguna influencia sobre el hechizo que los mantenía petrificados. Arokin comprobó que podía mover la mano izquierda y doblar ligeramente las rodillas.

Baba Yaga, antes Járnvidur, se agitaba con la apariencia de una araña inhumana sobre el desvalido Thor. Sus dedos, convertidos en extraños garfios provistos de viscosos filamentos, se introducían en los orificios del cuerpo del dios, hurgando por las fosas nasales, por los lagrimales de los ojos, por los oídos y la boca, por el desprotegido pene y, a través de ellos, le sorbía la vida que atesoraba su cuerpo. Thor Odinson se estaba marchitando como una hoja al calor del verano. Arokin pensó que la bruja estaba devorando el alma del dios del trueno.

La visión se le estaba nublando por el esfuerzo. El ambiente estaba enrarecido, como en una terrible pesadilla de la que no se puede despertar.

Arokin buscó su espada. Lo veía todo borroso. No sabía qué hacer, pero si no reaccionaba, en poco tiempo ambos estarían muertos. Tal vez para Thor fuese una muerte rápida y con escaso dolor, lo cual ya no le importaba, pero para él sería un tormento insoportable. La espada estaba allí, cerca y a la vez lejos; era como si miles de manos espectrales la movieran de un sitio a otro. No podía llegar hasta ella, por lo menos no a tiempo para que pudieran salvarse.

Baba Yaga continuaba ajena a los movimientos de Arokin. Estaba absorbiendo el dulce néctar de Thor, la esencia divina de la estirpe de Borr. Entonces, de repente, la bruja sintió un fuerte dolor en su cabeza. Algo la había golpeado con fuerza atronadora. Era un arma que no podía ser levantada por ninguna mano que no fuera la del hijo de Odín, el poderoso Thor. Sin embargo, allí estaba, empuñada por la mano izquierda de un hombre vulgar, un guerrero que, a lo largo de su vida, había mostrado más signos de cobardía que de coraje y valor. Arokin levantó a Möjllnir, el martillo mágico, el arma definitiva que el padre de los dioses y señor de Asgard había regalado a su hijo, para que con ella detuviese a la serpiente Midgard.

De nuevo golpeó a Baba Yaga. El martillo descendió vertiginoso como ocurre en una fragua al chocar contra un yunque. Arokin sollozaba apretando los dientes y mordiéndose la lengua, hasta que la sangre sació la sed de su garganta. Y de nuevo hendió la cabeza de la malvada criatura, y otra vez, y otra, hasta que, agotado, cayó de rodillas al suelo con el martillo pendiendo de su mano.

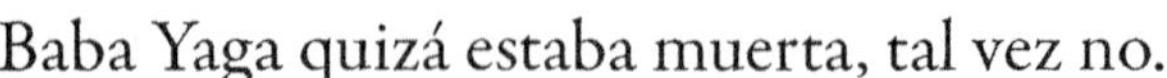

Baba Yaga quizá estaba muerta, tal vez no.

El joven y torturado guerrero intentó despertar al anciano. Le abofeteó la cara y lo zarandeó. A su lado, en el suelo, Baba Yaga se empezaba a mover de nuevo. Arokin tenía que conseguir que Thor Odinson reaccionara y pudieran huir de aquel lugar infernal lo antes posible. Buscó agua, pero no había ningún jarro a su alrededor. La cabaña mostraba signos de una creciente degeneración que iba cambiando las paredes y los muebles. El moho, vómitos y excrementos surgían de las sombras y aparecían en las paredes decorando la cabaña con putrefacción. El olor era insoportable. Arokin salió al exterior y agarró con la mano un puñado de nieve. Entró rápidamente y la restregó en el rostro de Thor. Con un espasmo, el hijo de Odín recobró levemente la consciencia. Estaba aturdido sin saber lo que había pasado; pero cuando pudo distinguir el engendro que se agitaba en el suelo, comprendió que debían escapar cuando antes.

Thor se envolvió en una manta, sujetó el martillo sagrado y, apoyándose en el hombro izquierdo de Arokin, salieron de la cabaña. El frío les sacudió como si hubieran sido alcanzados por una ola de un mar helado. Pero no les detuvo. Tenían que escapar tan rápido como sus piernas les permitieran. Huir hacia la noche y lo desconocido, desorientados, pero irse lejos, lo más lejos posible de aquel infierno.

Baba Yaga se incorporó. Tardó unos momentos en recuperar sus sentidos y darse cuenta de que estaba sola de nuevo y que sus victimas habían escapado. Quedaban algunos jirones de ropa, las jarras llenas de podredumbre; quedaba el olor a sexo, a la carne quemada y a la muerte, pero Arokin y Thor habían huido. Se movió rauda como una araña. Iba de un rincón a otro de la casa, desesperada, buscando algo que había perdido.

Producía un sonido semejante a unas uñas arañando la pizarra o un chirriar de dientes podridos.

Entonces lo encontró.

Era el ojo de Thor, el mismo ojo con el que el dios pagó por su memoria perdida. Baba Yaga sabía que con ese órgano podría conocer el paradero de sus prisioneros fugados. Obraría una magia a través de la cual vería el sendero por el que escapaban. En muy poco tiempo volverían a su regazo y esa vez sería para siempre.

Cogió el ojo de Thor Odinson entre los afilados dedos de su mano derecha y lo situó delante mismo de los suyos, negros, carbonosos, brillantes y malignos, y miró a través del ojo del hijo de Odín. Entonces gritó. Fue un alarido de rabia e impotencia, un quejido de derrota, de odio, de malignidad herida que desgarraba su alma oscura. El ojo sólo le mostraba una imagen borrosa, envuelta en un tapiz neblinoso, una niebla que imposibilitaba descubrir la localización de los dos hombres. El ojo de Thor era el de un ciego al que, las batallas, las victorias y las derrotas, le habían arrebatado la visión de la luz.

Baba Yaga gritó enloquecida mientras se golpeaba contra las enmohecidas paredes, hasta que al final se encogió sobre sí misma y se arrellanó en un rincón emitiendo profundos y tristes lamentos.

LA COLERA INFINITA DEL ULTIMO GUERRERO

Entonces dijo Gangleri:
¿Cuál es la ciudad principal o el lugar sagrado de los dioses?
Hár responde:
Es el fresno Yggdrasil: allí tienen su tribunal todos los días.
Snorri Sturluson, *Gylfaginning, El engaño de Gylfi* XV

Arokin no sabía porqué había salvado al dios del trueno. Desconocía los motivos que le habían llevado a luchar para proteger al violador de su madre. Tal vez un mínimo sentido de compañerismo o de piedad le habían impedido dejarlo allí a merced de Baba Yaga. Caminaba tras él, arrastrando por la nieve su arma desenvainada. La espada dejaba un surco sobre la blanca superficie, era la huella de un pasado que deseaban olvidar. Thor avanzaba tambaleándose, envuelta su desnudez en una manta que no mitigaba el tremendo frío.

Habían pasado tres días desde que escaparon de Baba Yaga y consiguieron librarse de aquella terrorífica pesadilla. Durante ese tiempo no dejaron de caminar. No tenían comida y tampoco encontraron un refugio que les permitiera un reparador descanso. Al principio sólo querían alejarse todo lo posible de la cabaña, ahora el frío y el hambre les arrebataba la poca esperanza que les quedaba. Al menos Thor había recuperado sus recuerdos. El coste había sido demasiado elevado, pero su memoria le concedía, como la luz de un pequeño faro, un asidero al que aferrarse en ese precipicio de oscuridad.

Al rememorar su pasado, el dios del trueno recordó un lugar dónde podía hallarse la esperanza que le quedaba al mundo. Únicamente era una pequeña posibilidad, tan efímera como intentar atrapar un último latido de la vida. Esa pequeña esperanza le daba fuerzas para continuar avanzando entre la nieve y el gélido viento.

Thor no se giraba para comprobar si Arokin le seguía. Estaba seguro de ello, pues notaba la mirada del joven guerrero clavada en su espalda. Sentía su odio como un puñal rozando su nuca. No se habían cruzado ninguna palabra desde que lograron huir de la monstruosa criatura, ni siquiera se miraron a los ojos; sólo iban juntos como dos sombras de un mismo cuerpo, dejando dispares huellas en la nieve. Thor deseaba pedirle perdón y poder explicar sus actos, aunque sabía que era muy difícil, quizá imposible. El dios del trueno jamás fue conocido por su humildad ni tampoco por su benevolencia. Era un guerrero despiadado en un mundo cruel, pero sobre todo era un «dios», lo que lo situaba por encima de los hombres. Cogía lo que deseaba y no daba razones de sus actos. Nunca mostraba señales de arrepentimiento y mucho menos pedía perdón. Ahora, sin embargo, una inmensa congoja le apresaba el corazón como si fueran las mismas tenazas que Geirröd utilizaba en sus hornos para moldear el metal. El anciano quería mostrarle al guerrero la esperanza para el mundo que había atisbado a través de sus recuperados recuerdos. Debían llegar a un lugar especial dónde, si todo ocurría como lo había planeado, los Nueve Mundos gozarían de una oportunidad, un nuevo comienzo. Y, estaba seguro, Arokin le perdonaría sus actos infames.

Ya habían perdido la noción del tiempo. En medio de una persistente ventisca, habían dejado de distinguir el día de la noche. El escenario era desolador, nubes agitadas por un viento perpetuo y nieve en el horizonte. Una muerte blanca les esperaba en el camino.

Casi arrastrándose, con las piernas hundidas hasta las rodillas en la omnipresente nieve, llegaron hasta una pequeña elevación, una colina que se alzaba frente a ellos, tras la cual pudieron distinguir un remolino de viento y nieve que actuaba como un velo ocultando lo que había detrás.

–Es allí, estoy seguro –dijo Thor, aunque Arokin no le escuchaba, a causa del sonido del viento y el frío que había congelado sus tímpanos–. Dentro de poco habremos llegado a nuestro destino.

Thor se giró en ese momento, vio que Arokin le seguía de cerca y continuó avanzando con ímpetu renovado. Subió la colina y se enfrentó al torbellino de viento y nieve que ocultaba una sombra inmensa. Thor sonrió por primera vez en mucho tiempo, al fin estaba allí, ante él. La silueta se iba perfilando a medida que el viento amainaba, tal vez respetuoso ante la presencia del hijo de Odín, o quizá queriendo mofarse de él y de sus ingenuas pretensiones.

Thor Odinson alzó el martillo saludando al fresno Yggdrasil.

Se acercó al árbol tan rápido como pudo, esforzando sus debilitadas piernas hasta el límite, agitando a Möjllnir enloquecido de alegría. El principio del fin estaba muy cerca; después llegaría un nuevo día.

El gigantesco fresno se elevaba como una torre perdiéndose entre los nimbos. En lo alto, una tormenta destellaba con decenas de rayos que lanzaban fogonazos de luz entre las nubes grises.

Cuando llegó a la base del tronco de Yggdrasil, donde sus raíces se hundían en las profundidades, el alma de Thor se quedó congelada por una ráfaga de desolación más fría que aire que penetraba, como un cuchillo, en sus pulmones. Sus dedos acariciaron el fresno, pero estaba seco, sin vida, semejante al carbón. Sus ramas se quebraban como huesos muertos desde décadas atrás.

Entre los nudos de una raíz el dios del trueno pudo ver los restos fosilizados del gusano Nídhögg. Seguramente el animal había muerto de hambre, pues la savia de Yggdrasil se agotó como hizo la esperanza.

Thor se derrumbó abatido. Sus rodillas se clavaron en la nieve al lado del fresno. Agachó la cabeza, derrotado por el destino y convencido de que ya sólo le esperaba la muerte, y quizá, eso era lo que deseaba, acabar con el sufrimiento, con el tremendo cansancio y compartir en el otro mundo, el Valhalla, los placeres de la hidromiel y las veladas con sus compañeros, y disfrutar con la belleza de las Asinas. Aunque no estaba seguro si el Vahalla todavía existía y si en sus salones, en lugar de cálidas chimeneas, también reinaba el frío y el hielo. Pero no le importaba demasiado correr ese riesgo frente a lo que le aguardaba en el mundo.

–¿Esto es lo que buscábamos? –le preguntó Arokin con veneno en sus palabras–. ¡Maldito viejo enloquecido! Es lo menos que podías recibir por tus actos y por tu miserable vida. ¡Ahí tienes tu esperanza!

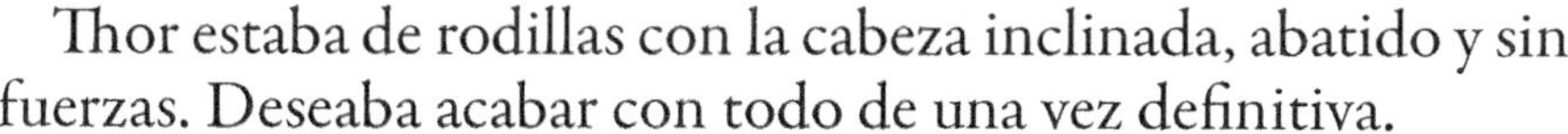

Thor estaba de rodillas con la cabeza inclinada, abatido y sin fuerzas. Deseaba acabar con todo de una vez definitiva.

–Levanta tu espada y separa mi cabeza del cuerpo –le ordenó a Arokin sin mirarlo–. Es tu oportunidad. Así satisfarás el ansia de venganza que ha crecido en tu corazón. Al mismo tiempo aliviarás la carga que descansa sobre mis hombros, que ya no puedo soportar más. Los dos veremos nuestros respectivos deseos cumplidos con un solitario tajo de tu espada.

–No mereces ni eso –Arokin escupió sus palabras–. Eres tan egoísta que sólo piensas en que cese tu sufrimiento. No eres capaz de vivir con dolor.

–¡Hazlo, maldito perro! –le insultó Thor–, ¿o quieres que te cuente cómo jadeaba tu madre, la bella Röskva, cuando la penetraba?

–¡Hijo de la escoria! –gritó el guerrero al tiempo que levantaba con la mano izquierda la espada sobre el cuello desprotegido del dios del trueno.

Durante unos instantes el arma quedó detenida en el aire, como si el viento la hubiera frenado. El surco mortal no se trazó en el aire. La espada no descendió sobre su víctima y no bebió la sangre. Arokin dejó caer el arma sobre la nieve y se dio la vuelta alejándose de allí y dejando a Thor solo con su dolor y miseria.

El hijo de Odín continuaba de rodillas. Unas lágrimas brotaron de su único ojo, deslizándose por sus agrietadas mejillas hasta que se congelaron al caer sobre la nieve. Si Arokin no ponía fin a su desesperación, sería él mismo quién lo hiciera.

Se desprendió de la manta que lo cubría y con sus manos hizo algunos jirones con la tela. Seguidamente los anudó hasta convertirlos en una burda cuerda. Entonces buscó una rama cercana y resistente del fresno sagrado y pasó la improvisada soga por encima; después rodeó su cuello con ella, hizo un nudo corredizo y lo ajustó hasta quedarse sin respiración. Se subió a una roca y, sin pensarlo dos veces, se dejó caer con los brazos formando una cruz. La rama hizo un pequeño chasquido, pero resistió el peso del dios.

El leve ruido de la rama llamó a atención de Arokin, que ya subía la colina. Instintivamente miró hacia atrás y vio a Thor colgado, balanceándose de un lado a otro, desnudo, mecido por el viento.

Durante unos momentos el joven guerrero dudó. Sabía que Thor Odinson merecía morir y, además, una muerte como aquella, sin honor, sin lucha, sin ningún arma en la mano. Si todavía existía el Valhalla, no entraría jamás en él. Las puertas permanecerían cerradas y, tal vez, el único lugar donde lo acogerían sería en el infierno.

Arokin hizo un amago de continuar el camino y dejar a Thor en las manos de su voluntad y del destino, pero al momento dio la vuelta y se dirigió corriendo hacia el fresno.

–¡Maldito viejo enloquecido! –exclamó–. ¿Cuántas veces tengo que salvarte? Y lo que es peor, ¿qué me mueve a hacerlo?

Arokin llegó hasta el dios y lo sujetó con su único brazo por las piernas, intentando izarlo para mantenerlo con vida el mayor tiempo posible. No sabía qué más podría hacer, sólo quedaba aguantar hasta que el hijo de Odín reaccionara, si es que lo hacía.

El frío era cada vez más intenso, el viento levantaba la nieve y la bruma comenzaba a convertir la escena en una imagen espectral. Yggdrasil, el fresno cuyas raíces se extendían por los Nueve Mundos, les contemplada desde su reino de muerte.

* * *

El dios del trueno había perdido la conciencia. Su mente vagaba por un mundo de nieblas. Tal vez era la proximidad de la muerte y Hel llegaba entre la bruma para tomar posesión de su alma.

Entre las brumas Thor contempló algo imposible. Su antiguo carro tirado por los dos machos cabríos, Tanngnjost y Tanugrisnir, se deslizaba por las corrientes de viento dirigiéndose hacia él. A su alrededor había desaparecido todo, el fresno Yggdrasil, el joven guerrero Arokin, incluso la persistente nieve. Quedaba la niebla y, ahora, el que fue su carro de combate en innumerables batallas. Se subió a él y asió con fuerza las riendas de los animales.

El carro se elevó de nuevo, arrastrado por los machos cabríos, que agitaban con fuerza sus pezuñas mientras atravesaban las nubes. El cielo se volvió oscuro de pronto, al tiempo que aparecían las brillantes estrellas en el firmamento. Había miles, millones, nunca había visto tantas, ni siquiera en las más claras noches de verano. Y el carro continuó ascendiendo y ascendiendo. Entonces pudo ver cómo el mismo éter del espacio comenzaba a agitarse imitando las ondas producidas en un lago al chocar una piedra lanzada contra su superficie. Era como si a su alrededor se formara una inmensa aurora boreal. Vio una gran luminosidad semejante a un nuevo sol que surge de la noche cósmica y, ante el dios del trueno, apareció una gran montaña. Una gigantesca montaña, más allá de toda comprensión, que flotaba silenciosa en el vacío sideral.

Subió rodeándola, girando en espiral y trazando una estela que la adornaba con destellos dorados. En la cumbre se divisaba un resplandor de tonos azules. Allí le esperaba una visión que ya había olvidado. Contempló cordilleras de nevados picos, colinas y ríos que bañaban con sus aguas hermosas llanuras, bosques y más bosques de color esmeralda. En un valle rodeado de lagos pudo ver al fin la ciudad de los dioses. Era semejante a la ciudad de oro de la añorada Asgard, pero no era la misma.

Cuando llegó hasta la muralla descendió del carro y se aproximó. Las puertas estaban abiertas sin centinelas ni soldados protegiendo la entrada. En el interior lo primero que vio fue una gran explanada, una plaza rodeada de estatuas de mármol que representaban a los dioses que habían sido sus compañeros, los Aesir le observaban con ojos de piedra. Allí pudo ver a Njörd, y a Heimdall, al valeroso Vídar, a la hermosa Freya al lado de Idun y de Nanna; también estaban Tyr y Forseti, y Vali, y Sigyn, pero la estatua más impresionante se alzaba en el centro de la gran plaza, era la del Padre de todos los dioses, la de Odín, *el tuerto*.

Thor se acercó hasta su base y se arrodilló ante ella. Pidió perdón a su padre por todos los errores que había cometido en su vida, por ser vanidoso, cruel, inmisericorde, por no conocer la humildad, por ser un ser despreciable, por no haber pedido perdón nunca antes. Odín permaneció en silencio, mirando a su hijo desde su pétrea posición.

Más allá se podía ver un palacio oscuro, también con las puertas abiertas para él; ese lugar le esperaba desde hacía tiempo. Entonces Thor se percató de que entre las estatuas que adornaban la explanada que iba dejando atrás faltaba una muy significativa.

No había visto la de Baldur.

En el interior del palacio ardían algunas antorchas, iluminando unos hermosos pasillos de mármol negro y granito rojo. Cortinas de terciopelo en las que se habían bordado escenas de batallas pasadas y de momentos heroicos. También había alguna representación en la que se podía ver a los Ases reunidos en asambleas o festines. Apenas había muebles, pocas sillas y escasas mesas. Aquella hermosa ciudad estaba abandonada y no había huellas de fiestas o de banquetes. Entonces llegó frente a unas puertas de roble que le cerraban el paso. Cogió los goznes con ambas manos y abrió las puertas hacia dentro. Se encontró con una inmensa sala rodeada de columnas y al fondo una escalera, también de mármol, pero de color rosáceo, en cuya cumbre se distinguía un trono, y sobre el trono, un hombre o un dios.

Aunque la visión de Thor estaba muy mermada, tanto por tener un solo ojo como por el velo que la nublaba como si estuviera siempre rodeado por la niebla, allí lo veía todo con claridad. También se podía mover más rápido, como si hubiera rejuvenecido. El cansancio que había acumulado en sus piernas, en sus brazos y en su espalda tras la larga marcha emprendida con Arokin, había desaparecido completamente.

Cuando se acercó un poco, distinguió al dios que ocupaba el trono.

Era Baldur, y ahora se explicaba el porqué no estaba la estatua del más hermoso de los Aesir entre las de los demás dioses que adornaba la entrada a la ciudad.

El dios de la luz estaba apoyado sobre una espada desenvainada, pensativo, cabizbajo. No se había percatado todavía de la presencia de Thor Odinson o, si lo había hecho, no le prestaba atención.

Llevaba sus mejores galas. Un casco decorado con dos pequeñas alas metálicas que dejaba escapar por sus laterales un pelo ensortijado, negro y brillante, que le caía por los hombros cubriendo incluso parte de la coraza que adornaba su pecho grababa con la representación de un sol y varias runas Isaz, Fehu y Gevo. Una capa roja se deslizaba sobre sus hombros y descendía hasta la base del trono. Llevaba guantes tejidos con seda y oro; las botas y el cinturón también estaban confeccionados con los mismos materiales. Thor se acercó con cautela, se sentía un extraño ante la presencia del que fue su propio hermano.

–Has tardado mucho tiempo –habló Baldur dirigiendo su mirada hacia él–. Aquí estoy, solo, sin nadie con quién conversar, sin otra ocupación que esperar. Los días han pasado lentos, con horas que me parecían casi eternas. Se ve que tus huesos, ya ancianos, no te responden tan bien como antes. Pero bueno, al fin, con paciencia, todo llega.

–¿Dónde están los demás Ases? –atinó a preguntar el hijo de Odín.

–También te esperan, pero en un mundo cuya ubicación nadie conoce, ni el sabio Mímir, ni las Nornas, ni siquiera el destino. Es un lugar fuera del tiempo y de nuestro propio entendimiento. Sólo tú puedes hacer que vuelvan.

–Dime cómo, hermano Baldur, valeroso entre los osados.

Baldur se levantó del trono y descendió unos cuantos peldaños.

Su presencia era como la del sol surgiendo entre los picos de una cordillera, desgarrando las sombras con su resplandor. Era como lo recordaba: alto, musculoso pero esbelto; ojos claros, su cabello ensortijado y en parte anudado en largas trenzas caía por debajo del casco hasta llegarle casi a la cintura. Thor también subió a su vez algunos escalones, hasta situarse frente a Baldur.

Durante varios minutos se contemplaron, eran dos amigos, dos hermanos que no se había visto desde hacía más tiempo del que podían recordar.

–Estás viejo –le repitió Baldur–, los años han agrietado tu piel y cargado tus hombros.

–Los años quizá, pero sobre todo el dolor y la pena. Durante mucho tiempo mi memoria fue una tabla lisa y blanca como la nieve que cubre el mundo. Pero, al fin, y no con poco sacrificio, la recuperé. Pude contemplar batallas olvidadas entre guerreros que desafiaron a las estrellas, y demonios del ultramundo que harían temblar hasta el alma de los dioses. Recordé el Ragnarök, pude sentir el final de la luz y la llegada de la oscuridad. Descubrí a las Legiones Negras y al último adversario. En cuya creación y motivaciones, en su ansia de venganza y en su odio, no estoy exento de culpa.

–Hablas de Thjalfi, ¿verdad? –le preguntó Baldur, conocedor de la respuesta.

–Sí, ¿cómo lo sabes? –interrogó Thor a su vez.

–Es de Thjalfi de quién quiero hablarte –le dijo con un tono de tristeza–. Llevo tantos años esperando poder hacerlo.

–Y bien, Baldur –insistió Thor–, ¿qué es lo que sabes?

–Thjalfi, el joven oscuro, murió en el mismo momento en que se puso la armadura creada por las artimañas de nuestro medio hermano Loki, el dios del engaño. Pero incluso el artero desconocía lo que estaba agitando y despertando. En el principio del tiempo, cuando el universo no era más que un sueño por realizar, cuando las estrellas, los soles, las galaxias y los mundos todavía eran meras ilusiones; en la penumbra sin limites, en el vacío sideral, roía incasable y balbuceaba sin mente un monstruo llamado *Nada*. Entonces en algún punto impreciso de la noche eterna, en un lugar olvidado, surgió una pequeña luz; primero fue un leve destello, después se convirtió en una llama brillante y creció sin detenerse. Cada vez era más y más intensa, e iba ganado espacio al abismo sin nombre. El monstruo llamado Nada no sabía como detener aquella luz que amenazaba destruir su acogedora oscuridad, que no dejaba de aumentar su tamaño y ya era tan grande como una inmensa estrella. Lo intentó en muchas ocasiones, pero al final, acabó por desistir y se ocultó esperando una oportunidad, la que llegaría en un futuro.

–Nunca había oído leyendas sobre esa criatura.

–Ni tú ni nadie, pues, como te he dicho, se ocultó antes de que surgiera la vida.

»Thjalfi es la extensión de la *Nada*, su reflejo en el mundo, el portador de la armadura y señor de las Legiones Negras. Los Ases temíamos al lobo Fenrir y a la serpiente Midgard, pero llegó el hijo nacido de la unión de una bruja y de la sangre de Loki, controló la nave Naglfari construida con las uñas de los guerreros muertos, venció a Odín, también a los Aesir y hundió su espada de oscuridad en las raíces de Yggdrasil.

»Él fue el causante de la aflicción y el dolor que nos embarga. Trajo la oscuridad que nos envuelve. Mató a Thjalfi y se convirtió en ese guerrero de armadura oscura que destruyó los Nueve Mundos. Sin embargo, la Nada renace en el tiempo adecuado, el momento dónde puede adquirir mayor fuerza. Es una emanación de los hombres en Midgard. Thjalfi ya no era un hombre, sino el olvido de todo lo que podemos considerar sagrado, y las Legiones Negras no eran sino los sueños perdidos. El verdadero Ragnarök fue la desolación del olvido.

–No entiendo, Baldur –le interrumpió Ásathor–, ¿quieres decir que los dioses no existimos? ¿Pretendes decirme que sólo somos una ilusión creada por los hombres? ¿Acaso no hemos derramado nuestra sangre en mil batallas y cortado las cabezas de mil gigantes? ¿Dices que no somos reales, que sólo somos sueños?

–No exactamente –le respondió–, pero los dioses pueden morir cuando son olvidados. Igual ocurre con los hombres, mientras alguien los recuerda, piensa y sueña en ellos, todavía viven; pero al final siempre llega el plácido océano del olvido y, después, la Nada, el último vencedor. Quizá los dioses somos sueños, esperanzas, asideros a los que agarrarse, suspiros de desesperación, horizontes a los que mirar. Pero los hombres han ignorado a los dioses y los ha matado.

–Entonces, ¿está todo perdido? –preguntó Thor–. ¿Nuestro mundo es una mentira cruel, una falsedad impropia y mezquina? ¿Lo que nuestros ojos han contemplado no ha sido más que un espejismo, unas vivencias que sólo existen en nuestra imaginación y en nuestras mentes? Si es que tenemos mentes y nuestros recuerdos son reales.

–No, hermano, siempre queda esperanza por muy efímera que sea. En la oscuridad siempre puede surgir una pequeña luz.

–¿Una pequeña luz? –preguntó Thor.

–Así es. Ven, hijo de Odín, hermano de alma –le tendió la mano–, tenemos que iluminar el mundo.

Thor le siguió, admirando el grácil porte y la hermosa figura de Baldur. Bajó las escaleras y se dirigió hacia otra sala escondida tras el trono. En ella, en su centro, situado sobre una tarima se hallaba un pebetero apagado. Baldur le entregó una flecha.

–Toma en tu mano esta saeta –le dijo–. En ella anida la fuerza del espíritu que arde con un fuego incontenible. Está hecha de muérdago. Recuerda hermano, fue el arma que me hirió de muerte y la que desencadenó el Ragnarök.

El dios del trueno levantó la flecha que le había entregado Baldur, aferrada en el puño derecho, y ésta empezó a brillar como una estrella matutina. Al momento tocó el pebetero con la punta de la flecha y surgió una llama azul.

El fuego resplandeció en la sala, iluminando sus paredes. Era la tierra de los dioses, pero Thor no podía esconder una repentina aflicción, una pena inmensa que llenaba su único ojo de contenidas lagrimas. Hizo un gesto para apartar a Baldur, temiendo su consuelo. El impasible y frio señor de las tormentas estaba llorando.

–¿Qué te sucede? –preguntó Baldur–. Lo que ves es una luz de esperanza. El fuego puede derrotar al hielo si se lo propone y tiene la suficiente fuerza de voluntad.

–He visto el sol en lo alto del cielo, los árboles proyectando sombras breves sobre el suelo. El musgo verde crecía lozano bajo los altos troncos de pinos y abetos. El río surgía del bosque murmurando y gorgoteando a través de un espacioso calvero con hierba fina, jugosa, rica en helechos y flores junto a la orilla. Pero creo que sólo fue una ilusión, una más para añadir a nuestras vidas.

–No es cierto, el valor de las cosas depende de la creencia en ellas.

–Pues entonces mi tiempo aquí ha finalizado –concluyó Thor–. Ahora ya sé qué tengo que hacer.

–Vuelve entonces, hermano –se despidió Baldur–, y recuerda que una noche de sombras es también una noche de una brillante luna llena, y tras la más oscura tormenta siempre espera un brillante sol.

Thor se alejó del pebetero y de Baldur, *el bravo.* Sin mirar atrás abandonó la sala del trono y la explanada de las estatuas de los Aesir. Sólo se dio la vuelta un momento para contemplar la escultura de Odín y así saludar a su padre eterno.

LAS LLAMAS Y EL FIN DE LA LUCHA

Entonces dijo Gangleri:
«¿Qué hacía antes de que se crearan cielo y tierra?»
Entonces responde Hár:
«Estaba con los gigantes del hielo».

Snorri Sturluson, *Gylfanginninhg, Los nombres de Odín*

Arokin estaba a punto de desfallecer. Llevaba horas sujetando con su único brazo el peso del ahorcado dios del trueno. El guerrero no podía soportar por más tiempo el cansancio que le ocasionaba mantener en vilo el cuerpo de Thor. Se preguntaba el motivo que le llevaba a sufrir por la vida de un ser mezquino, un violador repleto de vanidad y desprecio hacia los demás. Sin embargo, algo en su interior le impedía marcharse de allí y que el Aesir finalizase sus días colgado como un cerdo. No podía abandonarle, aguantaría hasta el momento en que se desmayara por el esfuerzo.

Entonces notó como el peso que soportaba se volvía de repente más liviano.

–Aguanta un poco, joven amigo –era la voz de Thor que le hablaba–. Coge la espada y corta la soga mientras yo me sujeto con las manos.

Arokin soltó al dios y, obedeciendo sus indicaciones, cogió la espada y sesgó la burda cuerda por encima de las manos del hijo de Odín. El cuerpo desnudo se desplomó sobre la nieve.

–Debo pedirte perdón –le dijo Thor quitándose la soga del cuello–. Soy consciente del daño que te he hecho a ti y a cuantos se han cruzado en mi camino. No tengo disculpa.

Arokin guardó silencio, su mirada le lanzaba dardos de odio.

–No hables si no quieres y, aunque te pido indulgencia, no la espero, pues sé lo terribles que han sido mis crímenes. Pero tengo que decirte que mi alma ha hablado con Baldur y, al fin, me ha sido desvelado el destino. Ya sé lo que debo hacer. Necesito que me acompañes, quizá yo solo no pueda completar la misión. El destino de los Nueve Mundos está por encima de las venganzas, de las represalias, de los castigos, incluso de la justicia. Sígueme, hijo de Röskva, estamos llegando al final de nuestro camino.

Thor Odinson cogió su martillo, el mágico Möjllnir, y Arokin su espada, y continuaron su búsqueda, conocedores de que, fuese lo que fuese lo que les aguardaba, lo encontrarían muy pronto.

–Mira, Arokin –le dijo Thor–, la tercera raíz del fresno sagrado nos llevará directamente al lugar que buscamos. Debemos encontrarnos muy cerca.

–Quizá tras aquellas colinas –señaló Arokin con frialdad.

Con renovadas fuerzas, a pesar de no haber comido nada en varios días, los dos guerreros se dirigieron hacia el lugar al que les llevaba la tercera raíz de Yggdrasil. Pero no estaban preparados para lo que iban a contemplar.

En unas horas habían alcanzado la última colina.

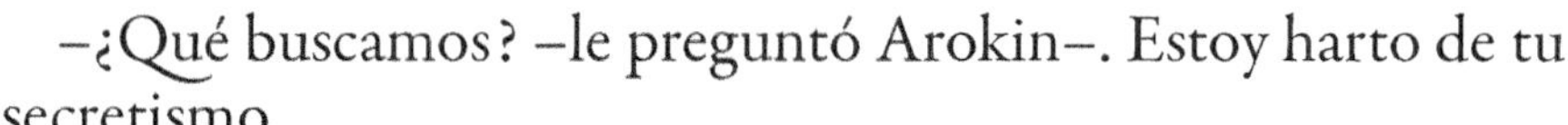

–¿Qué buscamos? –le preguntó Arokin–. Estoy harto de tu secretismo.

–Me parece que no lo habías preguntado todavía –le dijo el anciano Thor lleno de entusiasmo–. No es mi intención ocultarte nada. Vamos a encontrar el pozo de Urd.

–Muy bien... –replicó Arokin, pero cuando iba a continuar, las palabras murieron en mitad de su garganta.

Ante ellos, surgiendo de la nieve como el esqueleto de un inmenso monstruo, estaban los restos del navío Nafglari, el barco fabricado con las uñas de millones de guerreros muertos, la embarcación de la muerte que llevó el Ragnarök hasta las puertas de Asgard y que transportó en su cubierta a Thjalfi, el guerrero que derrotó a Thor y a los Ases. Era el navío insignia de las Legiones Negras. Ya no tenía velas y la madera se desmoronaba por la acción del viento y el tiempo. Grandes pedazos de su quilla caían a la nieve, desparramando las uñas que lo formaban. Se acercaron asombrados hasta el barco maldito, pero también el mejor de todos los navíos. El viento aullaba como un lobo entre sus grietas. Era como escuchar los lamentos de los condenados espectros que vagan sin descanso por los senderos de los Nueve Mundos; un sonido sobrecogedor que helaba sus corazones aún más que el frío y el hielo.

No quedaban restos de los fantasmales guerreros muertos, únicamente unas pocas armas desperdigadas, alguna coraza, algún casco abollado. Entonces Thor vio algo diferente cerca de la cubierta, era una armadura oscura, por un instante sintió un estremecimiento, el terrible recuerdo de su derrota asaltó su mente. Por alguna razón, parecía que la nieve evitaba tocarla. Thor se acercó hasta que pudo acariciarla con los dedos. Estaba fría, sin vida. La magia había abandonado el metal uru.

–¿Cómo fue derrotado? –preguntó Arokin–. ¿Quién le venció?

–No lo hizo nadie –le respondió cabizbajo–. Una vez finalizada su misión, Thjalfi ya no importaba y, tal vez, simplemente murió o desapareció, pues ya no tenía sentido su existencia.

De repente escucharon un sonido que les puso en alerta.

Thor supo por el olor que transportaba el viento, que algo o alguien no estaba muy lejos de allí, y también percibió, que lo que fuera, no estaba solo. Quizá fuese un lobo blanco como con el que se enfrentaron al principio de su viaje. Pero no era una bestia solitaria, aunque tampoco iba con toda la manada; tal vez fueran dos o tres de ellos buscando comida.

En esta ocasión no eran animales, no eran lobos como el monstruo de pelaje blanco que casi los devora, sino algo mucho peor. Dos amenazadores, inmensos y terribles gigantes de la escarcha se interponían entre ellos y el pozo de Urd, su destino final.

–Mira, hermano –rugió uno de los gigantes con voz de tormenta cuando se aproximó a los guerreros–, por fin tendremos algo de comida fresca para la cena de esta noche.

–No te alegres en exceso –le replicó el otro–, fíjate que están en los huesos, sólo tienen algo de pellejo que nos dará sustancia para una sopa, poco vamos a conseguir.

–Ya lo veo, pero menos es nada. Tendremos que resignarnos.

Los gigantes, totalmente desnudos como el mismo Thor Odinson y con la piel surcada por incontables tatuajes de símbolos antiguos, runas, remachada con anillos y otros adornos, llevaban cada uno de ellos un hacha de doble filo que agitaban amenazadores.

–Encárgate del viejo, que yo lo haré del joven manco.

Sin mediar más palabras, los gigantes se lanzaron hacia sus víctimas. El primero se abalanzó sobre Thor. El hacha trazó un tajo en el aire que el anciano esquivó lanzándose a un lado. El filo mortal le cortó un mechón de sus cabellos. El otro gigante corrió hacia Arokin, que le esperaba con la espada en la mano y las rodillas temblando de pavor.

Arokin retrocedió unos pasos y, justo cuando el gigante alzaba el hacha para darle el golpe mortal, se impulsó hacia sus piernas y con un tajo le cercenó los tendones del pie izquierdo. El gigante profirió un alarido.

–Cuidado, hermano –le advirtió el otro–, no sea que se te escape la cena de hoy. No parece muy dispuesta a ser devorada.

–Pues entonces será más divertido –le contestó mientras se miraba la herida que Arokin le había hecho–. Vas a sufrir, pequeño trozo de carne. Te comeré despacio. Primero el brazo que te queda, después las piernas y, al final, devoraré tu crujiente cabeza.

Cojeando volvió a levantar el arma y trazó un arco de abajo hacia arriba que Arokin evitó por pura suerte. Aún así el filo le hirió en el pecho. Un corte que le rompió varias costillas. De nuevo, el joven guerrero, sintió el dolor infligido por el metal en su cuerpo.

El otro gigante insultaba al dios del trueno.

–Te mueves muy rápido para ser un simple viejo ¿Acaso le sorbes las fuerzas a tu joven compañero durante las noches, cuando yaces a su lado?

–Tus insinuaciones me ofenden –le respondió Thor–. Cuando tú, criatura de Nilflheim, aún no habías nacido, yo estaba harto de destrozar los cráneos de los de tu raza.

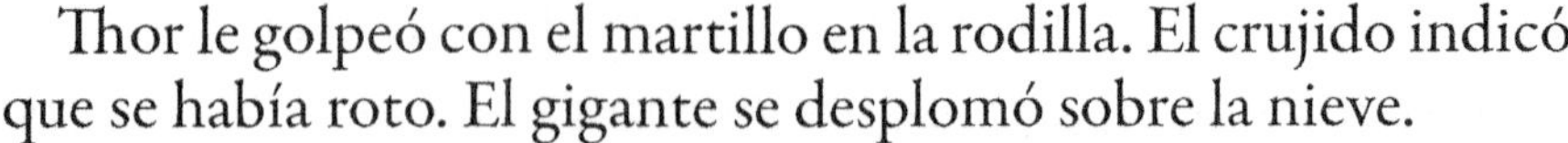

Thor le golpeó con el martillo en la rodilla. El crujido indicó que se había roto. El gigante se desplomó sobre la nieve.

–¡Maldito viejo! Ha sido un golpe de suerte. No te librarás de llenar mi estomago cuando acabe contigo.

–Vas a desear no haber nacido –contestó Thor–. Antes de que te des cuenta estarás suplicando misericordia. Tu cuerpo se pudrirá sin vida y tu alma se retorcerá entre los brazos de Hel.

–Crees que me puedes asustar, anciano, a mí, que he roído los huesos de los Ases. Incluso utilicé el fémur de Odín para quitarme la carne que se me quedó entre los dientes.

–¡Monstruosidad infame! –Gritó Thor, que permanecía arrodillado después del golpe recibido–. Has de saber que este cuerpo anciano es el del hijo de Odín. Estás luchando con Thor Odinson, el señor de la tormenta. ¡El poderoso Thor!

Al gritar esas palabras hizo girar el martillo varias veces sobre su cabeza y lo lanzó con toda su fuerza contra el gigante. Möjllnir, como si fuera un meteoro, impactó en la frente del gigante de la escarcha, rompió el hueso y atravesó la cabeza del monstruo, para surgir por detrás en una explosión de sangre.

Mientras el gigante se derrumbaba, muerto, el martillo cambió su trayectoria en el aire y regresó como un halcón a la mano de su dueño y señor.

El otro gigante del hielo se había dado cuenta de lo sucedido. Por un momento se giró, olvidándose de Arokin, que yacía a sus pies. El joven guerrero, aprovechando el despiste de la inmensa criatura, cogió la espada que estaba a su lado y, de una estocada certera, le atravesó el corazón. El gigante de la escarcha siguió el camino sin retorno que acababa de emprender su hermano.

Ahora nada se interponía en el camino hacia el pozo de Urd o, al menos, eso creían ellos. Thor se acercó a Arokin y le ofreció ayuda para levantarse.

–Es una herida seria –le dijo Thor refiriéndose a la que le había hecho el gigante en el pecho–. Cuando finalicemos nuestra misión tendremos que curarla.

Arokin, después de unos segundos, alargó su mano izquierda y la estrechó con la que Thor Odinson le ofrecía.

–Vamos –le dijo Thor al joven guerrero–, estamos muy cerca. Ya veo la caverna que nos llevará al pozo de Urd. Allí, al fin habremos conseguido nuestro objetivo.

Llegaron ante la apertura de la gruta. La entrada les recibió con un aliento gélido. El dios del trueno entró primero, momentos después le siguió Arokin. Las paredes de la cueva estaban cubiertas de hielo, pero aún se podían distinguir algunos grabados de runas y escenas pintadas de las hazañas de los Aesir. Después de caminar un tiempo indefinido, llegaron a un rellano en el que se podía ver un saliente donde acababa el camino. Abajo se encontraba el pozo de Urd. Su superficie era un bloque de hielo, como no podía ser de otra manera. Sin embargo, el lugar estaba repleto de pequeñas luces, como fuegos fatuos que recorrían el ambiente, aparecían y desaparecían otorgándole un aspecto mágico y sobrecogedor.

En otro saliente descansaba un pequeño trono de piedra desgastada; sobre él, la figura inerte, antigua, de un guerrero muerto hacia mucho tiempo. Las ropas raídas, apenas unos jirones, cubrían los restos de una armadura oxidada y sucia. El guerrero parecía esperar atrapado en mitad de la eternidad, con la mirada hueca perdida en algún lugar de la cueva de hielo. Su rostro se contraía en lo que solo era una calavera donde la piel era absorbida y se quebraba como una hoja seca.

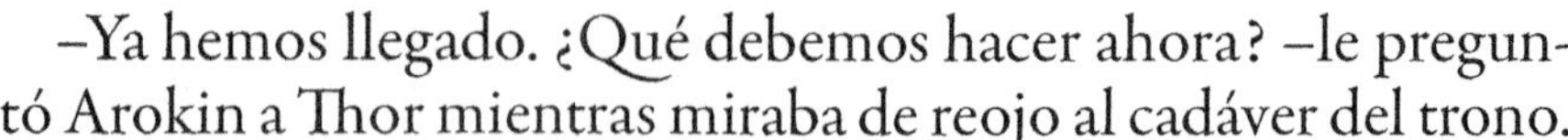

–Ya hemos llegado. ¿Qué debemos hacer ahora? –le preguntó Arokin a Thor mientras miraba de reojo al cadáver del trono.

El hijo de Odín permaneció en silencio unos momentos, meditando. También había visto al guerrero muerto. Al principio le vino a la mente la idea de un centinela que guardase los secretos de aquel lugar. Después pensó que quizá era un aviso colocado allí para asustar a los que, incautos, se adentraban en el seno del pozo de Urd.

–Debo arrojar mi martillo Möjllnir al pozo helado –le respondió finalmente desechando las ideas que turbaban sus pensamientos.

De pronto escucharon una tercera voz, grave y profunda. Por un instante creyeron que provenía de la garganta del guerrero que, ante la presencia no deseada, había despertado de su eterno sueño y se disponía a cumplir su misión.

– Thjalfi me advirtió que el retoño de Odín vendría hasta mí, sólo tendría que esperar un poco y él mismo se colocaría ante el filo de mi espada.

Ambos se giraron buscando el origen de las palabras. Encontraron una mirada que se clavaba en ellos como una daga. Retrocedieron unos pasos, como empujados por una fuerza inmensa y a la vez terrorífica.

Tras el trono oscuro donde descansaba el guerrero, surgió una sombra. Se aproximó hacia ellos mientras pasaba rozando con su mano el rostro cadavérico, acariciando la piel cuarteada como quién corteja a la misma muerte. Avanzó con pasos firmes y poderosos, parecían quebrar el hielo bajo su peso.

La expresión de aquel ser asustaba, les hacia temblar hasta los mismos huesos. Si su rostro hubiera sido el de un monstruo de pesadilla, no les habría producido mayor espanto.

–Gebal –susurró Thor.

–Has acertado, estirpe de Borr, retoño de Odín, *el tuerto*. Soy el comandante de las Legiones Negras. Has tardado mucho tiempo, demasiado. Empezaba a creer que no vendrías nunca. Pero, ya vez, al final la paciencia siempre tiene su recompensa.

Las mentes de Thor y Arokin ordenaban a los pies moverse, pero estos no reaccionaban. Estaban convencidos de que esos eran los últimos momentos de su azarosa aventura. Era cierto, pensó Arokin, cuando Thor aseguraba que el final ya estaba próximo.

Gebal estaba casi desnudo, cubierto por una capa negra y la cabeza coronada por un casco que era el cráneo de un macho cabrío, por el que surgía su cabello lacio. De sus ojos parecía brotar un fuego azulado que ascendía en pequeñas espirales. Su boca albergaba dos filas de afilados y amarillentos dientes. En su mano llevaba una gran espada. La empuñadura representaba la imagen de un dragón, y en la hoja acerina del arma se perfilaba una estilizada serpiente.

Tanto Arokin como Thor sabían que no estaban preparados para enfrentarse a tan portentoso enemigo. Quizá ni con la plenitud de sus fuerzas le hubieran logrado vencer, mucho menos en su estado actual.

Gebal se acercó hacia ellos confiado en su poder. Thor y Arokin se separaron un poco para no ofrecer un blanco fácil y que los pudiera matar de un solitario tajo.

–Orad a vuestros antepasados, porque no veréis un nuevo día –exclamó el comandante de las Legiones Negras mientras les atacaba.

La espada de Gebal descendió hacia el corazón de Thor

Odinson, pero el arma de Arokin se interpuso en su camino. Aunque se quebró como si fuera madera podrida, pudo frenar lo suficiente la estocada para que no fuera mortal. Aún así se hundió en la carne del dios del trueno, desgarrando el músculo y rompiéndole la clavícula.

Molesto por la intrusión del joven Arokin, Gebal le golpeó con el revés de su mano derecha. El guerrero voló literalmente por el aire y dio con sus huesos contra una de las paredes de la caverna. Se escuchó un crujido. Thor se giró sobre sus talones y, cogiéndose del brazo herido, intentó escapar saliendo de la gruta.

–Vaya, al final se desvela la naturaleza del bastardo de Odín –dijo Gebal con una sonrisa en sus labios que rebosaba satisfacción–. No huyas, perro de Asgard, sólo conseguirás alargar el inevitable final. Me regocija ver cómo abandonas a tus amigos, pero no es la primera vez, ¿verdad? ¿Qué pasó en el Ragnarök? ¿Dónde estabas cuando morían los hijos de Asgard? ¿Dónde te encontrabas cuando todo tu pueblo fue pasado a cuchillo? ¡Maldito cobarde!

A trompicones, golpeándose en las paredes heladas de la cueva, el dios del trueno logró salir al exterior. Allí el cielo era blanco, como la tierra y el horizonte. La ventisca arreciaba cuando la figura de Gebal se perfiló en la entrada de la cueva.

–No puedes escapar. No puedes correr lo suficientemente rápido como para que no te alcance. No retrases tu inevitable destino. Aquí acaba el hilo que tejieron la Nornas para ti. Acéptalo.

Thor casi se cayó de bruces ante la dificultad de caminar por la nieve y el dolor de la herida infligida. Gebal lo alcanzó en dos o tres poderosas zancadas. Hizo un giro con la espada y la clavó en el suelo, al lado del hijo de Odín.

–Así que aquí estás, Ásathor –escupió con desprecio las palabras–. Al fin ante mí, completamente desvalido. No necesito la espada para matarte, me bastará con mis puños.

–Empieza cuando quieras, escoria. No te daré el placer de suplicarte piedad. Estoy dispuesto a morir.

–Pues no lo parecía cuando huías como una vieja –se burló Gebal.

–No todo es lo que parece.

–Dime entonces qué te parecen estos puños. Quizá te parezcan irreales.

Gebal golpeó en el rostro a Thor. La mandíbula tembló y varios dientes se perdieron en la nieve dejando un rastro de sangre. Gebal le cogió, agarrando entre sus dedos una mata del cabello blanquecino del dios. Sin soltarlo le volvió a golpear de nuevo. Cuando Thor cayó al suelo, Gebal aún tenía los cabellos sujetos a su mano. Seguidamente le propinó una patada que le destrozó varias costillas y lo levantó por el aíre.

–¿Eso es todo lo que sabes hacer? –escupió Thor–. ¿Este es todo tu poder?

–Eres un viejo senil y demente –replicó Gebal enfurecido.

El siguiente golpe le hizo dar a Thor dos vueltas sobre sí mismo. El anciano cayó de rodillas. A su lado se encontraba Möjllnir, medio oculto en la nieve.

–¿Viejo senil? Déjame que te muestre el verdadero poder.

Con esas palabras Thor Odinson se levantó despacio del suelo. Sujetó el martillo con las dos manos mientras lo alzaba hacia el cielo, al mismo tiempo que invocaba al padre de todos los dioses.

–¡Odín! –gritó con todas sus fuerzas, e incluso Gebal sufrió un estremecimiento al escuchar el nombre pronunciado con toda la cólera de Thor.

En ese instante el cielo blanco se cubrió por una inmensa sombra. En lo alto, decenas de fogonazos iluminaron la creciente oscuridad. El trueno resonó en la distancia. Momentos después un relámpago cortó el cielo. El rayo descendió buscando el metal uru del martillo. Cuando impactó en él se produjo un intenso resplandor. Möjllnir absorbió el néctar de olvidadas guerras, lo condensó en su interior y lo lanzó de nuevo hacia el corazón de Gebal.

–¡Odín se te lleve! –exclamó Thor con renovada furia.

El relámpago, imitando al acero, atravesó el cuerpo de su enemigo convirtiendo su corazón en un pedazo de carbón y su alma podrida en un suspiro. Con el pecho ardiendo por el fuego mágico de Möjllnir, Gebal sólo pudo mirar la enorme y mortal herida que el martillo le había ocasionado, al momento se desplomó sobre la nieve, extendiendo en ella una mancha roja.

Thor se aproximó y, con desprecio, le escupió al cadáver.

–No vuelvas a insultar al hijo de Odín o atente a las consecuencias. Ahora ya sabes porque llaman a Möjllnir *el martillo del fin del mundo* –al momento se dirigió de nuevo hacia al interior de la caverna. Aún no había completado su misión.

Al llegar al rellano donde acababa el camino, lo primero que hizo fue acercarse a Arokin. Se encontraba herido pero su corazón latía con fuerza. Estaba vivo y, con el tiempo, se recuperaría.

El joven abrió los ojos.

–¿Estamos muertos? –preguntó aturdido–. Entonces quiero que me des una jarra de hidromiel.

–No te preocupes –le respondió–, pronto tendrás toda la hidromiel que desees. Pero antes dame un poco de tiempo. Debo acabar algo.

La entrada de la cueva de nuevo se presentó ante él como la boca dentada del lobo Fenrir. Sabía que una vez en sus entrañas jamás lograría salir.

El dios del trueno se acercó solemne hasta el borde del saliente. El pozo de Urd esperaba abajo, con el frío eterno cubriendo su superficie. Entonces alzó el martillo, lo sostuvo unos instantes sobre su cabeza y lo arrojó con todas sus fuerzas al pozo.

El martillo atravesó la superficie de hielo y se perdió en el interior.

Pero no sucedió nada. Solo un leve gorgoteo y después un desolador silencio.

–No puede ser –se lamentó Thor–. No ocurre nada. Tanto dolor, tanto sufrimiento para nada. Todo ha sido en vano y la esperanza ha muerto con este nuevo fracaso.

–¿Qué ocurre? –le preguntó Arokin acercándose a él.

–Nada es lo que ocurre –le respondió–. Al final los acontecimientos no se han desarrollado como los había soñado. He lanzado a Möjllnir al pozo y no ha sucedido nada.

En ese momento Arokin situó la mano sobre el hombro de Thor, quería llamar su atención y las palabras no surgían de su garganta. Días antes un hechizo de la bruja Baba Yaga le había enmudecido, pero ahora su silencio no era motivado por un sortilegio sino por una sorpresa que atenazó su corazón.

Thor percibió que intentaba decirle algo y se giró para ver el rostro desencajado de Arokin que le señalaba con la mano temblorosa al lugar donde estaba el trono de piedra, donde descansaba el guerrero que antes habían creído muerto.

El brazo esquelético se había alzado levemente separándose del trono, buscando como un ciego la presencia de los visitantes.

–Hermano, he oído tu voz –dijo con un susurro que parecía un lamento–. Cuanto tiempo sin saber nada de ti. Llegué a creer que nunca volvería a hablar contigo.

–¿Loki? –Thor no podía creer que aquel ser, apenas un puñado de huesos y piel, cubierto con una armadura y ropa rancia, fuese su hermanastro–. Loki, ¿eres tu?

–Claro que sí. ¿Tanto he cambiado? –pareció emitir una leve y ronza risa. Su rostro se movió buscando los sonidos, ya que sus ojos solo hallaban oscuridad–. Acércate a mí. Yo, por si no te has dado cuenta, no puedo caminar.

–Al final lograste sobrevivir. Heimdall no mandó tu alma al inferno.

–Sobrevivir, es una palabra que suena demasiado irónica en los labios de un dios. ¿No creer? Sin embargo, mi tiempo está acabando definitivamente. Solo te esperaba a ti.

Thor se acercó despacio y se situó frente al cuerpo casi sin vida de su hermanastro.

–¿Por qué? –preguntó Thor.

–¿Por qué? ¿Acaso no has visto a Baldur ¿No te ha contado la verdad? Siempre serás el mismo zopenco y torpe. Solo músculo, todo impulso y furia, valor y fuerza, pero desconocedor de la piedad y de cualquier sentimiento que no esté ligado a la guerra y a la muerte, con una visión que no llega más allá de la punta de la espada o del mango de tu querido martillo. Nunca te ha importado nada que no fueras tú mismo.

–Mientes, como siempre. Asgard me importaba, y los ases y los hombres.

–Pues no lo parecía. Y no estoy mintiendo, pero lo sabes bien, aunque no quieras reconocerlo.

–A veces... –guardó silencio unos segundos–... estaba equivocado. Cuando lo pienso y recuerdo mis acciones, mis motivaciones y mis creencias, entiendo que cometí muchos errores, y mi alma sufre por ello. Pero no puedo desandar el camino recorrido. No puedo cambiar el pasado. Nadie puede hacerlo.

–Así es, tu vida no ha sido más que un largo e interminable error.

–¿Por qué me esperabas? ¿Qué quieres de mí?

–Todo en el Universo tiene una razón de ser –respondió Loki–. La mía está muy clara y es muy simple. Yo existo porque en este mundo hay oscuridad y noche, también maldad y mentira. ¿Qué sería de la luz, de la bondad, del día, de la verdad, si yo no existiera? El Mundo se mueve porque lo hace avanzar la lucha eterna entre los opuestos. Y el Mundo debe seguir así. Después de la muerte tiene que llegar sin dilación el renacimiento y de nuevo la vida. La *rueda* vuelve a girar una y otra vez en un ciclo eterno.

–¿Pero como? Todo ha acabado. He vuelto a fallar una vez más. Creía que...

–Haces demasiadas preguntas, hijo de Odín. A veces me cuestiono cómo un ser tan incapaz como tú ha podido resultar elegido para realizar grandes empresas.

–En el martillo estaba el poder de Odín –Thor parecía no escucharle–, su eterna e incontenible fuerza, con la que supuse que los días luminosos volvería a brillar de nuevo en el cielo.

–La fuerza no está en el martillo –le aseguró Loki–. Recuerda lo que te dijo Baldur, solo el olvido es la muerte y el verdadero fin. Vivimos por la misma razón que lo hacen todos los seres que pueblan la existencia, porque alguien soñó con ellos, porque alguien creyó en ellos... alguien creyó en nosotros. Solo el olvido mata sin distinción tanto a las bestias, como a los hombres y a los dioses.

–Al final eres una víctima más de un destino del que no podemos escapar –concluyó–. Me resulta difícil guardarte rencor.

–A mí debes odiarme, como yo te odio a ti –le respondió–. El destino puede estar escrito y quizá yo únicamente representé mi obra porque así lo había decretado una voluntad superior, pero te aseguro que lo hice con sumo placer. Cada mentira que surgió de mis labios, cada traición, cada muerte, cada dolor y sufrimiento que expandí por los Nueve Mundos, me llenó de satisfacción y de dicha.

Thor cogió la mano de Loki entre las suyas y notó que ésta se estremecía.

–¡Por todos los dioses! –exclamó Loki con un supremo esfuerzo–. Tanto tiempo esperando para esto. De haber imaginado, siquiera por un mísero instante, que iba a tener mi mano cobijada como la de un niño entre las manos de mi odiado hermanastro, me hubiera arrojado al pozo de Urd sin pensarlo. ¡Maldito seas...!

Después la voz de Loki enmudeció de repente. Su boca se entreabrió buscando una bocanada de aire.

–¡Por el veneno de la serpiente Midgard! –dijo Loki enfurecido con sus últimas fuerzas, mientras la vida se le escapaba–. Haz de una vez lo que tienes que hacer. Maldito mil veces hermano, valeroso, guerrero, violador, asesino... hijo de una rata con pretensiones de eterna grandeza. Siempre te desearé lo peor y que tu destino esté envuelto en sombras. Mi única dicha es que tengo la certeza de que, algún día lejano, en otro tiempo, en un lugar que ahora ni siquiera sospechamos, volveremos a encontrarnos, y ten por seguro que intentaré convertir su existencia en una pesadilla sin fin.

–Allí estaré, esperándote... –le respondió Thor.

La mano huesuda y sin vida de Loki resbaló como aceite entre los dedos del dios del trueno. La cabeza se ladeó un poco y quedó inmóvil. No hubo ningún otro cambio en el cuerpo decrepito y podrido del que fue el señor de las mentiras, el gran embaucador. Ahora era un ser sin vida, un cascarón vacío.

El hijo de Odín se separó despacio y en silencio de su hermano y se aproximó de nuevo hacia el pozo de Urd. Miró durante unos instantes el rostro de Arokin, que aguardaba expectante sin decir una palabra, sabiendo que era testigo del momento final que cambiaría el destino de los Nueve Mundos.

Thor Odinson recordó las palabras de Baldur: *tras la más oscura tormenta siempre espera un brillante sol.* Buscó en su memoria aquellos hechos que habían marcado su larga vida, los momentos de dicha y los de infamia. Ya poco quedaba por lo que luchar y lo que recibía ahora no era más que el justo castigo por sus actos pasados. Entonces extendió los brazos en forma de cruz y se precipitó hacia el abismo.

La existencia del anciano dios del trueno llegaba a su fin. El camino, plagado de desdichas y de dolor quedaba atrás. Mientras caía hacia el pozo de Urd, recordó muchos momentos de su vida. Contempló su soberbia, su ansía de sangre y destrucción, pero apenas conseguía encontrar algún instante que le hiciera sentirte verdaderamente orgulloso. Ahora ya era tarde. Le esperaba una tumba de hielo y, después, el olvido. La última muerte.

Arokin gritó y se lanzó hacia el dios del trueno, para intentar detenerlo, pero a pesar de su esfuerzo, su mano izquierda sólo pudo coger un poco de aire.

Thor cayó, y su cuerpo se perdió en el interior del pozo congelado de Urd. Arokin maldijo su suerte, había fracasado tanto como lo había hecho el mismo Thor Odinson. Después de todo habían vivido juntos una aventura sembrada de peligros y de sufrimiento, pero también de esperanza. Pasados unos minutos pensó que lo mejor era que saliera al exterior y dejara que la muerte invernal acabase también con él.

Cuando se iba a marchar, algo llamó su atención.

En algunos puntos del pozo se distinguían destellos luminosos, intermitentes, aquí y allá, como guiños de las estrellas. Eran unos pocos al principio, pero cada vez fueron más y más surgiendo del interior del pozo de Urd.

De repente un inmenso resplandor iluminó la penumbra del lugar. La capa de hielo que cubría la superficie del pozo estalló en millares de fragmentos helados creando una lluvia de escarcha que bañó a Arokin de la cabeza a los pies.

Una grieta de luz se abrió en el fondo congelado del pozo y algo resplandeciente se elevó desde el interior, ascendiendo como un espíritu dorado. Arokin retrocedió asustado unos pasos, temeroso de un nuevo enfrentamiento con alguna criatura mágica. Aunque quizá sería mejor una muerte rápida luchando que una lenta bajo el frío. Ante él tenía lugar una visión como nunca antes había visto, tal vez nadie lo había hecho desde el origen de los Nueve Mundos.

Era un hombre desnudo, no tenía ni un solo cabello en todo su cuerpo. Su piel era semejante a la cabellera de Sif, brillante como el oro. Tenía un cuerpo esbelto y hermoso, un ser perfecto. Su mirada emitía destellos rojizos y su rostro se asemejaba al de una estatua de mármol, rígido, inexpresivo e incluso frío. Agachó la cabeza para dirigir su mirada al joven Arokin. La faz severa de aquel ser luminoso se relajó y adquirió un semblante afable y tranquilizador. Le tendió la mano abierta y rozó con sus dedos los de Arokin. Un calor interno recorrió el cuerpo del guerrero, reponiendo al momento sus ya inexistentes fuerzas. La energía se desplazó por sus venas y regó sus agotados músculos con un nuevo vigor. Supo que aquel ser era o fue el dios del trueno, el hijo predilecto de Asgard. Incluso con aquella forma celestial parecía querer pedirle perdón. Arokin asintió con la cabeza. Entonces, del cuerpo de aquel ser, como una extensión suya, surgió una espada también dorada como él mismo y se la entregó a su compañero.

–Sabes lo que tienes que hacer –le dijo con una voz indescriptible–. No mires atrás. Lo hemos logrado.

Después de pronunciar esas palabras, aumentó su brillo. Durante un instante fue como si el sol hubiera descendido sobre la tierra, y al momento desapareció.

* * *

Arokin volvió por el sendero que los había llevado hasta el pozo de Urd, repleto de fuerzas y llevando consigo la espada dorada. Siguió sus pasos hasta que encontró de nuevo el fresno Yggdrasil. En el cielo comenzaban a surgir, como lanzas de luz, centenares de rayos de un sol que luchaba por resurgir después de una larga noche de espera. Cada saeta luminosa incidía con el poder del fuego en un punto de la nieve y del hielo, fundiéndolo sin misericordia. Poco a poco volvían a brotar tallos y comenzaban a formarse cristalinos riachuelos. El hielo comenzó a resquebrajarse, emitiendo un ruido semejante al de rocas rompiéndose. No tardarían en volver el lobo aullador y las estrellas infinitas de la noche, la trucha en el río, el trigo dorado, el oscuro cuervo.

Ante él se encontraba el mayor de todos los árboles. Sus raíces muertas se extendían por todos los mundos y llegaban más allá del cielo. Arokin alzó la espada luminosa que le había entregado el ser dorado que surgió de la fuente de Urd y la clavó en el tronco de Yggdrasil. Al cabo de unos segundos el fresno empezó a temblar, primero con suavidad, después como si un terremoto sacudiera sus raíces. Una luz brotó del interior del árbol. Recorrió el tronco y las ramas, llenando sus raíces y sus hojas de una nueva savia, más fuerte y poderosa.

Arokin miró al cielo que se abría sobre él, dejando paso a un nuevo resplandor que arrebataba protagonismo a la tormenta. Un nuevo día llegaba a los Nueve Mundos y Arokin liberó una sincera sonrisa mientras observaba un lejano relámpago que coronó un trueno y, tras él, comenzó a brillar un hermoso arco iris, el Bigfröst, el *Camino Oscilante.*

Hár dice:

Surgirá la tierra de los mares y será entonces verde y bella: crecerán los campos sin sembrarlos. Vivirán Vídar y Vali, y no les dañarán las heridas ni el fuego de Surtur, y vivirán en Ídavellir, donde antes estuvo el Ásgard, y allí vendrán los hijos de Thor, Módi y Magni, y tendrán a Möjllnir. Vendrán entonces Baldur y Hödr desde el infierno, se sentarán todos juntos y hablarán y recordarán sus runas, y conversarán sobre lo que había sucedido, sobre la serpiente del Midgard y el lobo Fenrir. Entonces encontrarán en la hierba los escaques de oro que habían pertenecido a los Ases.

Snorri Sturluson, *Gylfaginning* LIII,
El nuevo comienzo

AGRADECIMIENTOS

Hubo una vez unos jóvenes que soñaban con héroes.

Unos héroes que habitaban en su imaginación, combatiendo en batallas que solo ocurrían en los mundos creados en sus mentes. Esos héroes nunca obtuvieron el sagrado privilegio de la existencia ¿O sí? Porque ¿quién podría negar que aquel universo soñado no existió en algún lugar remoto o desconocido, tal vez en otro tiempo o línea temporal? ¿Quién sería capaz de, con total certeza, asegurar que esos héroes no adquirieron vida solo por unos instantes?

Tal vez me equivoque, pero creo que esos seres existieron, lucharon y murieron, pues todo aquello que se imagina, todo con lo que se sueña alguna vez, vive y existe, solo por ser imaginado y solo por ser soñado.

Muchos de los personajes que aparecen en esta novela no nacieron en los relatos de *Los Eddas*, no fueron dioses ni demonios de esa mitología. El mundo de los dioses nórdicos es un mundo donde no hay futuro, donde toda esperanza es una quimera, donde los sueños ya se han olvidado o, como mucho, se han convertido en pesadillas. Ellos son esas pesadillas, criaturas malditas que han luchado por surgir a la vida y que han logrado existir en este relato; han conseguido escapar de la cárcel que les encerraba y ver la luz. Cuando algún lector despre-

venido lea estas páginas será entonces cuando estos personajes tendrán su propia alma.

El momento ha llegado. Las Legiones Negras, al fin, profanan el mundo. Como dice la novela: *para llenar de miedo los corazones de dioses y hombres, y cubrir de sangre la tierra.*

Este texto es también un homenaje a aquellos niños, hijos de un tiempo de prodigios, de momentos únicos, imborrables, imperecederos. Ellos estaban allí, nosotros estábamos allí y fuimos los señores de la imaginación, los creadores de sueños. Y no lo sabíamos. Jamás fuimos conscientes de la grandeza que nos rodeaba.

Queremos dar las gracias a muchos escritores y autores de otros medios, como el comic o el cine, hombres y mujeres que fueron forjadores de sueños, aquellos arquitectos de la imaginación que nos acompañaron, influyeron y guiaron, y lo siguen haciendo cada día de nuestra vida. Todos creadores de ilusiones; desde el mismo Homero a Hesíodo, a Poe, a Snorri Sturluson, a Lovecraft; a Jack Kirby que junto a Stan Lee crearon un universo que ocupó una parte de nuestras vidas y que, en los últimos tiempos ha saltado desde las viñetas de los comics a la gran pantalla. A Frank Herbert, a Bob Kane, a Steve Ditko, a George Lucas, a J.R.R. Tolkien, a Verne, a Richard Corben, a Walt Disney, a Dumas, a Robert E. Howard, a Philip k. Dick, a Stocker, a Spielberg, a Mary Shelley, a Chris Claremont, a Stephen King, a Emily Brontë, a John Byrne, a Arthur C. Clarke, Bernie Wringhtson, a Bradbury, a Stevenson, a Alan More, a Aldous Huxley, a Ridley Scott, a Francisco Ibañez, a Louis Pauwels y Jacques Bergier, a H.G. Wells, a Frank Miller, a Ann Nocenti... A todos los que, de una manera u otra, hicieron soñar a aquellos niños, y después, pasados los años, continuaron inspirándoles.

Agradecer también a todos los amigos que nos dan sus consejos después de la lectura de nuestras obras: a Juan Carlos Peñalver por sus consejos y sugerencias, a Salvador Cruañes (esta obra está especialmente dedicada a él. Solo espero que, en algún lugar del infinito, pueda navegar en las corrientes del espacio al lado de sus amados vikingos); a María Dolores Cuesta que padece más que los propios personajes de nuestras novelas (y a estos intentamos hacerles sufrir todo lo que está en nuestras manos); a Salva Cuesta, a Fede Zamora que soñó, vivió y suya fue la inspiración de muchos de aquellos seres imaginarios. Pero, sobre todo y como siempre, a Isabel, nuestra primera lectora y mi verdadera musa. «Mi Sol y mis Estrellas».

Hubo un tiempo en el que unos niños soñaban con héroes. Aquel tiempo fue el Paraíso Perdido, al que nunca se vuelve. ¿O tal vez sí?

INDICE

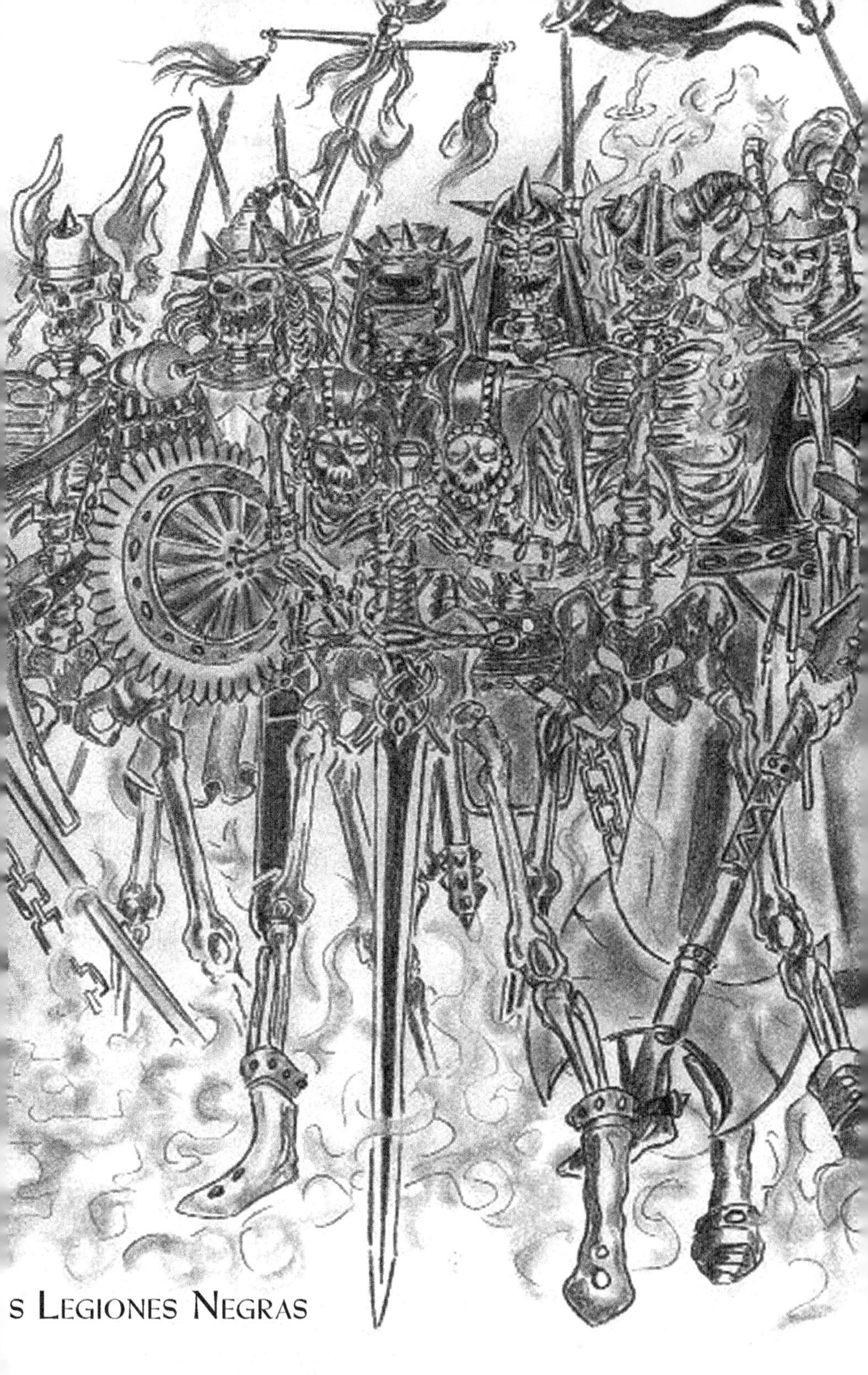

s Legiones Negras

Editorial
Dagón